JN357274

박세리, 한국 골프의 전설

희망의 맨발샷을 날리다

박세리, 한국 골프의 전설
희망의 맨발샷을 날리다

초판 1쇄 인쇄 | 2017년 9월 22일
초판 1쇄 발행 | 2017년 9월 29일

지은이 | 성호준
펴낸이 | 박영욱
펴낸곳 | 북오션 스코프

편 집 | 허현자 · 김상진
마케팅 | 최석진
디자인 | 서정희 · 민영선
일러스트 | 이정헌

주 소 | 서울시 마포구 월드컵로 14길 62
이메일 | bookrose@naver.com
네이버포스트 | m.post.naver.com ('북오션' 검색)
전 화 | 편집문의: 02-325-9172   영업문의: 02-322-6709
팩 스 | 02-3143-3964

출판신고번호 | 제313-2007-000197호

ISBN 978-89-6799-335-1 (73810)

이 도서의 국립중앙도서관 출판예정도서목록(CIP)은 서지정보유통지원시스템
홈페이지(http://seoji.nl.go.kr)와 국가자료공동목록시스템
(http://www.nl.go.kr/kolisnet)에서 이용하실 수 있습니다.
(CIP제어번호: CIP2017020110)

*이 책은 북오션 스코프가 저작권자와의 계약에 따라 발행한 것이므로 내용의 일부 또는 전부를
 이용하려면 반드시 북오션 스코프의 서면 동의를 받아야 합니다.
*책값은 뒤표지에 있습니다.
*잘못 만들어진 책은 구입하신 서점에서 교환해 드립니다.

머리말

한국의 가장 뛰어난 수출품은 여자 골프라는 말이 있습니다. 삼성전자가 만드는 반도체나 휴대폰, 현대자동차의 신형 자동차보다 경쟁력이 있다는 뜻이에요. 여자 골프 세계랭킹 100위 이내에 한국 선수가 절반 가까이 됩니다. 여자 골프는 한국 천하죠.

왜 이런 일이 생겼을까요. 한국 여성들이 운동을 잘 해서 그럴까요? 손재주가 좋아서 그런 것일까요?

그 출발은 박세리입니다. 1998년에 스물한 살의 박세리는 예상을 뒤엎고 US여자오픈에서 우승을 차지했습니다. 그때 한국은 아주 힘든 시기였습니다. 경제가 어려워져서 사람들은 집을 잃고 직장을 잃었습니다. 가장 괴로웠던 것은 희망이 점점 사라지고 있었다는 점이에요.

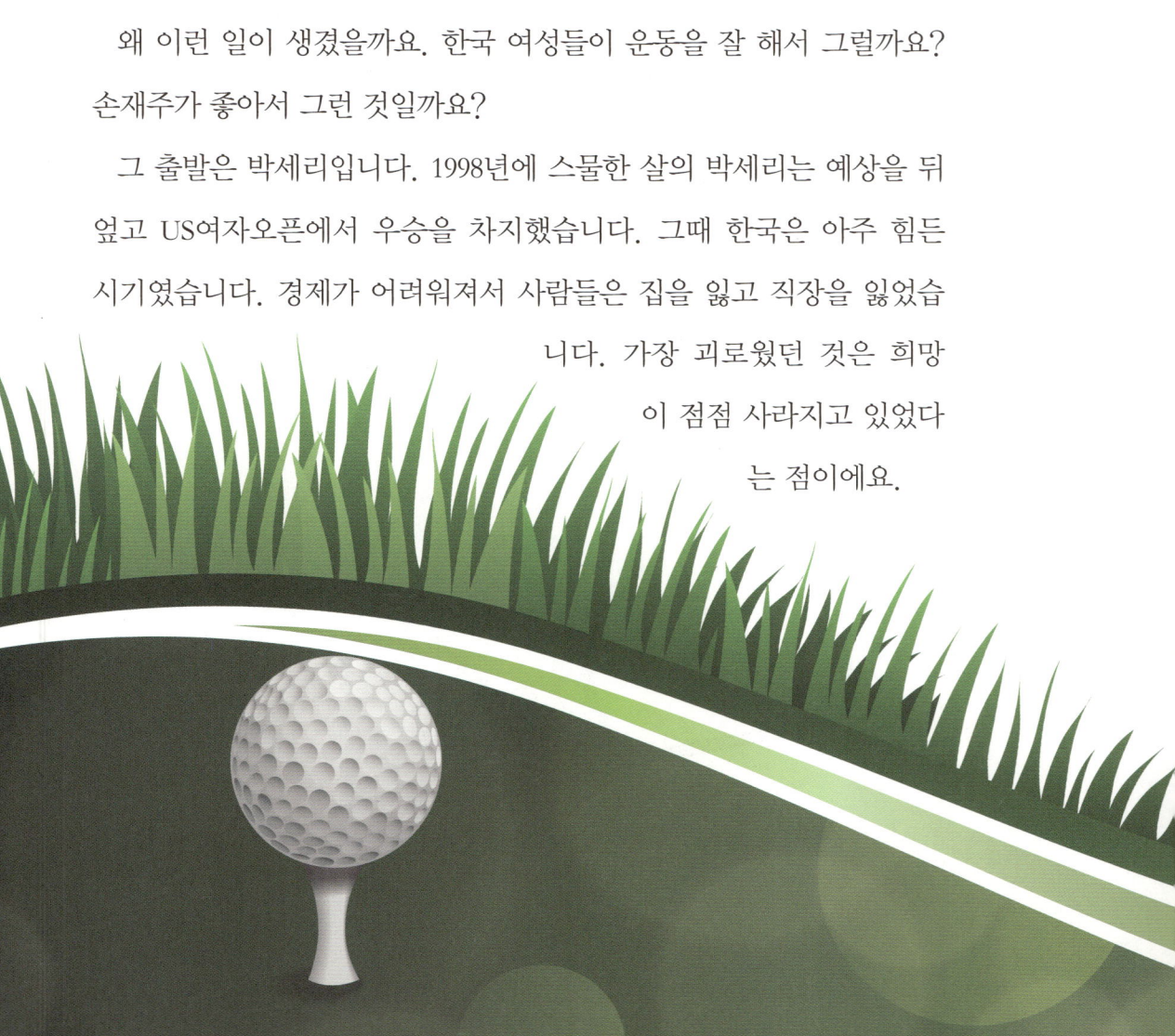

그런 사람들이 박서 리의 우승을 보고 다시 미래에 대한 희망을 가질 수 있었습니다. 박세리의 하얀 발과 구릿빛 발목을 보면서 대한민국은 우리도 저렇게 노력하면 이룰 수 있다고 느꼈어요.

그러자 기적이 일어났어요. 할 수 있다고 믿기 시작하자 한국은 위기를 극복하고 다시 잘 살게 되었습니다.

박세리가 아주 멋졌기 때문에 그것을 보고 골프를 시작한 어린이들이 많아요. 그들이 자라나 지금 여자 골프를 호령하고 있습니다. 특히 올림픽 금메달리스트인 박인비는 박세리가 우승한 다음날 아버지의 손을 잡고 처음 골프연습장에 갔다고 해요.

박세리는 116년만의 올림픽 여자 골프 감독을 맡아 한국에 금메달을 안기고 2016년 선수로서 은퇴했습니다. 미국 LPGA 투어에서 총 25번 우승했고 연장무패의 기록을 남겼습니다. 실의에 빠진 한국 사람들에게 용기를 준 박세리는 어떻게 자랐을까요? 어떻게 굳센 마음을 갖게 되었을까요?

우리도 박세리의 박세리로 이어지는 "박세리 키즈"의 꿈을 한번 따라가 볼까요?

차례　머리말

1장 눈부셨던 하얀 발

01. 상록수　　　　　10
02. 맨발의 투혼　　　　　12
03. 박세리의 못생긴 발　　　　　18
04. 어둠 속의 촛불　　　　　21
05. 쓰러진 슈퍼스타　　　　　25
06. 눈물의 은퇴식　　　　　28

2장 난 골프가 너무 재밌어

01. 모험심 많은 '선머스마'　　　　　34
02. 포환던지기를 할까, 골프를 할까　　　　　38
03. '공동묘지 훈련'의 숨은 이야기　　　　　42
04. 두려움에 맞설 수 있는 힘　　　　　46
05. 놀라운 집중력　　　　　49
06. 아버지의 비밀작전　　　　　51

3장 어려움을 이겨낸 한국 최고 골프선수

01. 저수지에서 동계훈련을　　　　　58
02. 아쉬움이 가득했던 데뷔전　　　　　60
03. 예언 우승　　　　　63
04. 우승하고 도망친 이유　　　　　68
05. 실패에서 배운다　　　　　71
06. 한국 무대를 평정하다　　　　　77

4장 성공한 개척자

01. 올랜도 캠프   84

02. 최고의 코치, 데이비드 레드베터   86

03. Q스쿨 수석 통과   89

04. 개척자의 운명   92

05. 왜 자꾸 포기하라고 하세요!   95

06. 찬스에 강한 선수   99

5장 미국 LPGA 투어의 챔피언

01. 흥미진진한 US여자오픈   104

02. 새벽 화재사건을 이겨낸 우승   107

03. 박세리의 '약속의 땅'   110

04. 박세리 신드롬   114

05. 골프 여제 소렌스탐과의 대결   117

06. 연장불패 신화   123

07. 힘이 되어준 '슈퍼땅콩' 김미현   126

6장 세계 여자 골프의 전설이 되다

01. '명예의 전당'에 오르다   134

02. 역사에 남는 인물이 되자   140

03. LPGA에 등장한 '세리 키즈'   143

04. 여자 골프의 위상을 높이다   146

05. 서른아홉 베테랑 선수의 눈물   148

06. 감독이 되어 딴 올림픽 금메달   150

07. 감사와 아쉬움   155

08. 또 다른 모험을 시작하다   158

1장

눈부셨던 하얀 발

이. 상록수

"저들의 푸르른 솔잎을 보라. 돌보는 사람도 하나 없는데……."

여러분, 이 노래를 들어본 적 있나요? 집회 때에 자주 불리는 노래인데, 제목은 〈상록수〉예요. 상록수는 '항상 푸른 나무'라는 뜻입니다. 아름다운 노랫말로도 유명했지만, 1970년대 우리나라에서는 이 노래를 들어서도, 불러서도 안 됐어요. 젊은이들과 시민들이 정부에 반대하는 집회에 모여서 힘껏 불렀기 때문입니다.

금지되었던 이 노래가 텔레비전과 라디오에서 굉장히 많이 나오던 때가 있었습니다. 바로 1998년이에요. 특히 텔레비전에서는 이 노래와 함께 골프선수 박세리의 유에스(US)여자오픈 대회에서 활약하는 장면이 끊임없이 나왔습니다. 박세리 선수는 경기 도중 위기 상황에서 신발과 양말을 벗고 연못 속으로 들어가 멋진 샷을 날렸습니다. 사람들은 "끝내 이기리라" 하는 마지막 노랫말과 함께 박세리가 양팔을 높이 치켜들고 우승에 기뻐하는 장면을 보며 함께 가슴이 뜨거워졌습니다.

"엄마(아빠), 박세리 선수가 연못에 들어가서 골프 치고 우승한 거 기억해?" 하고 물어보세요. 틀림없이 엄마, 아빠도 "그럼, 기억하고 말고" 하실 거예요. 그때 박세리는 온 국민의 희망이자 대한민국 사람들이 끝내 이길 거라는 상징이었습니다.

과연 무슨 일이 있었기에 박세리는 이렇듯 크나큰 관심을 받았을까요?

02. 맨발의 투혼

"아, 졌구나. 졌어……"

한국에서 밤새 텔레비전으로 골프 경기를 보던 팬들은 탄식하기 시작했습니다. 마지막 홀에서 박세리의 드라이브샷(공을 멀리 날리기 위해 치는 티샷)이 왼쪽으로 날아가 연못 쪽으로 굴러 들어가고 말았거든요. 사람들은 저도 모르게 한숨을 쉬었습니다.

공이 물에 들어가면 칠 수가 없어요. 공을 꺼내려면 벌타 1타를 더한 다음에 뒤쪽으로 가서 쳐야 합니다. 그럼 2타 정도 크게 손해 보는 셈이니까 경기에서 이기기가 어려워집니다.

"그래도 불행 중 다행이다!"

박세리가 친 공을 찾아가 보니 다행히 물에 들어가지 않았어요. 하지

만 물가 바로 옆 경사가 심한 잡초 속에 놓여 있었습니다.

'그럼 뭘 해! 저건 물에 들어간 거나 마찬가지잖아.'

대다수 사람들은 부정적인 생각을 지울 수 없었습니다. 물속에 들어간 것만큼 상황이 좋지 못했습니다.

1998년 미국에서 열린 'US여자오픈' 골프대회 연장전 18번 홀에서의 일이었습니다. 미국여자프로골프(LPGA) 투어의 신인선수인 박세리는 태국계 미국인 아마추어선수 제니 슈아시리폰과 연장전을 치렀어요. 연장전 마지막 홀에서 박세리가 친 티샷(경기에서 처음으로 치는 샷)은 어려운 곳으로, 상대 선수의 공은 아주 좋은 위치로 갔답니다.

하늘이 무너진 것처럼 난감한 지경이었지요. 경주 시합을 하는 〈토끼와 거북이〉에서 잠을 자지 않은 토끼가 결승전에 닿기 두어 걸음 앞에 서 있고, 거북이는 한참 뒤처진 상황과 같았어요. 이럴 때 여러분이 거북이라면 어땠을까요? 그동안 노력한 게 억울해서 엉엉 소리 내어 울 수도 있고, 더 이상 결승선을 향해 걷지 않고 포기하고 싶은 마음도 들 거예요.

경기 경험이 많은 베테랑 선수들도 한숨을 푹푹 쉴 상황이었습니다. 텔레비전을 보고 있던 우리나라의 골프 팬들도 모두 절망했답니다. 하지만 스물한 살의 신인선수 박세리는 침착했어요. 경사진 물가의 풀 속에 있는 공을 칠 것인지, 벌타를 감수하고 뒤에서 칠 것인지 냉정하게 살펴보았습니다.

"저 상태에서 무리하게 치면 공이 물속으로 빠질 텐데요."

경기를 중계하는 미국의 해설가가 말했습니다. 사람들도 대부분 벌타를 받고 안전한 곳에서 칠 거라고 생각했습니다.

상대 선수는 미소를 짓고 느긋하게 과자를 먹으며 박세리를 바라보았어요. 박세리가 굉장히 어려운 위기에 처해 있어서 자기가 충분히 이길 수 있다고 판단한 거예요.

"저것 봐, 박세리 선수가 신발을 벗는다!"

그때였습니다. 박세리가 별안간 신발을 벗더니 양말까지 벗었어요. 경사진 풀 속에 있는 공을 그냥 치기로 한 거예요. 박세리는 조심스럽게 물가로 내려갔습니다. 경기장을 가득 채운 갤러리(골프 경기장에서 경기를 구경하는 관중)들은 박수와 환호를 보냈습니다. 박세리는 종아리까지 잠기는 연못으로 들어가서 공을 칠 수 있는지 살펴본 다음 침착하게 멋진 샷(스윙을 해서 골프클럽으로 골프공을 멀리 치는 것)을 날렸습니다. 공은 안전한 곳으로 굴러갔습니다.

"앗, 근데, 박세리 선수 발 봤어?"

갤러리들은 웅성거렸습니다. 사람들은 그때서야 물에서 나온 박세리

의 발이 생각났습니다. 박세리는 얼굴도 까무잡잡하고, 팔도 다리도 까
맸습니다. 그래서 사람들은 박세리의 피부가 원래 까만 줄 알고 있었어
요. 하얀 발과 선명하게 비교되는 까만 피부. 사람들은 박세리가 얼마
나 열심히 연습했는지 알 수 있었습니다.

  골프는 4일 동안 4라운드(1라운드는 18홀) 72홀을 하고 승부를 가립니
다. 어려운 상황에서도 차분하게 경기를 하는 박세리와 달리 유리한 위
치에 있던 슈아시리폰은 방심했다가 실수를 했습니다. 박세리와 슈아
시리폰 선수는 연장 18홀에서도 비겼어요. 그 때문에 또 연장전을 치렀
습니다.

  체력도 달리고, 집중력도 떨어지기 때문에 연장전은 정신력의 싸움이
됩니다. 재연장전 첫 홀에서도 두 선수는 승부를 내지 못하고 또다시
연장전 1홀을 한 번 더 쳤습니다. 누가 이겼을까요? 바로 연못 속에 들
어가서도 침착한 샷을 선보인 박세리였습니다. 20홀 만에 짜릿한 승부
가 박세리에게 돌아왔습니다. LPGA 투어 역사상 가장 긴 연장전이었
는데, 아직도 그 기록은 깨지지 않고 있답니다.

  경기 내내 침착했던 박세리는 연장 20번째 홀에서 6미터 버디를 홀컵
에 넣고 엉엉 울음을 터트렸습니다. 아버지, 어머니와 포옹을 하고 상
대선수 슈아시리폰과도 인사를 나누었습니다. 박세리는 최연소 US여

자오픈 우승자가 되었습니다.

"행복합니다. 어려웠지만 포기하지 않았고, 연못 근처로 간 18번 홀에서도 기회가 있다고 생각했습니다."

소감을 묻는 질문에 박세리는 의젓하게 대답했습니다.

03. 박세리의 못생긴 발

박세리는 맨발을 드러내는 것을 싫어했습니다. 발이 못생겼다고 생각했기 때문이에요. 박세리는 골프를 시작한 이래 하루도 쉬지 않고 아파트 계단을 뛰고 산길을 달렸어요. 골프 스윙을 너무 많이 해서 발에 피가 나고, 발톱이 빠지는 일도 많았습니다. 그런 상태에서도 계속 훈련을 했으니까 발이 예쁠 수가 없었지요.

여러분은 축구선수 박지성의 발을 본 적 있나요? 고된 훈련으로 울퉁불퉁하게 된 최고 운동선수의 발 말이에요. 박세리도 그만큼 많은 훈련을 했답니다. 박세리의 발 곳곳에 굳은살이 박여 어떤 곳은 바늘로 찔러도 감각이 없을 정도로 단단했지요.

"세리야, 방 안인데 왜 양말을 안 벗어? 안 갑갑해?"

"응, 괜찮아. 난 양말 신는 게 더 편해."

국가대표 합숙훈련을 할 때도 박세리는 같은 방을 쓰던 친구들에게 발을 보여주지 않았습니다. 발은 박세리에게 콤플렉스와도 같았어요. 그렇게 친한 친구에게도 보여주지 않던 발을 US여자오픈 연장전에서 텔레비전을 통해 전 세계 시청자들에게 드러낸 거죠.

사람들은 어떻게 생각했을까요? 박세리의 발이 못생겼다고 생각했을까요? 아니에요. 오히려 까만 색종이와 하얀 색종이처럼 구분되는 하얀 발을 보고 커다란 감동을 받았답니다. 박세리의 발은 불굴의 의지와 투혼의 상징이 되었습니다.

스물한 살의 신인 박세리와 아마추어선수 슈아시리폰의 연장전 20홀 경기는 큰 화젯거리가 되었습니다. 어린 두 선수가 역대 가장 길고 치열한 연장전을 치렀으니까요. 당시 미국의 빌 클린턴 대통령도 이 드라마틱한 경기를 보고 박세리와 골프를 함께하고 싶다고 전해왔답니다.

전 세계의 유명한 언론사에서는 박세리를 커다랗게 보도했어요. 미국의 유명한 신문 〈뉴스위크〉와 〈타임〉은 모두 박세리를 표지모델로 쓰고 특집기사도 만들었습니다. 〈뉴스위크〉는 "박세리 가족은 골프계의 왕족"이라는 제목의 기사를 썼어요. 박세리가 어떻게 자랐고, 훈련은 어떻게 했는지 등을 자세하게 보도했습니다.

1장 눈부셨던 하얀 발 · 19

〈타임〉은 박세리를 두고 "한국인이 고난을 극복하고 정상에 이르는 상징"이라고 표현했어요. 또 "하면 된다는 정신을 보여줬다"라고 썼습니다. 더불어 6·25전쟁을 겪었던 한국이 어려움을 딛고 경제발전을 이뤘던 역사에 대해서도 알렸습니다.

04. 어둠 속의 촛불

　　한국에서도 박세리의 활약에 대한 이야기로 난리가 났습니다. 어느 신문은 10페이지나 박세리와 관련된 기사를 싣기도 했어요. 방송 뉴스에서는 온종일 박세리 소식만 나오기도 했고요. 물론 큰 대회에서 한국 선수가 우승한 것은 의미가 있습니다. 그런데 박세리의 우승은 훨씬 더 뜻깊었습니다. 온 국민은 마치 자신이 우승한 것처럼 좋아했어요.

　　"힘든 일만 많았는데, 박세리 덕에 속이 아주 시원하다."

　　당시 우리나라 경제는 박세리가 US여자오픈 대회에서 우승하기 6개월 전부터 아주 힘들었답니다. 우리나라가 다른 나라에서 빌린 돈을 갚지 못할 거라는 소문이 나면서 돈을 빌려줬던 외국은행들이 재빨리 돈을 되찾아 갔어요. 그렇게 나라에 돈이 없어지고, 은행들은 망하고 주

식가격이 폭락했습니다. 정부는 간신히 국제통화기금(IMF)에서 돈을 빌렸습니다. 그런데 IMF는 돈을 빌려주는 대신 장래성이 없는 회사는 문을 닫고, 회사원들을 해고해야 한다고 요구했습니다. 갑작스럽게 회사가 문을 닫자 일자리를 잃은 사람들은 늘어났고, 빚을 갚지 못하게 된 사람들은 집을 통째로 날려야 했어요. 등록금이 없어서 대학을 포기하는 학생들도 많아졌습니다.

"나도 곧 일자리를 잃는 게 아닐까? 휴우, 하루하루가 불안해 죽겠어."

"물가는 자꾸 오르는데, 돈이 모자라네. 우리 아이 학원비는 어떡하지?"

사람들의 얼굴에서 웃음이 사라졌습니다. 돈을 벌어야 하는 부모님은 직장을 잃고, 회사들이 많이 없어지니 새로운 직장을 얻기도 힘들었어요. 가장 괴로운 것은 대한민국에 더 이상 희망이 없을지도 모른다는 생각이었습니다. 미래가 보이지 않기 때문에 사람들은 캄캄한 동굴에 갇혀 있는 느낌으로 하루하루를 살던 때였습니다.

이때 박세리가 US여자오픈대회에서 우승을 차지한 거예요. 사람들은 감동했습니다. 박세리의 하얀 발과 구릿빛 발목을 보면서 힘을 얻었어요.

"저 어린 선수도 노력해서 이겨냈어. 우리도 할 수 있어!"

"맞아, 희망을 잃지 않고 최선을 다하면 반드시 웃는 날이 올 거야."

신문과 방송에서는 박세리가 노력해온 과정을 보도하면서 우리나라도 위기를 극복할 수 있다는 메시지를 보냈습니다. 박세리의 우승은 사람들 마음에 한 줄기 빛이 되었답니다.

그러자 기적이 일어났습니다. 사람들이 힘을 내기 시작했어요. 모두들 나라의 위기를 이겨 내려고 노력하면서 자발적으로 금 모으기 운동도 했습니다. 태어나서 백일이 되거나 첫돌이 될 때, 결혼할 때 주고받은 소중한 반지와 목걸이를 앞 다투어 기부했습니다. 이 금을 모아서 우리나라에 필요한 달러 같은 외국 돈을 살 수 있었어요.

외국 사람들은 우리나라 사람들이 힘을 합쳐서 위기를 극복하려는 모습에 깊은 인상을 받았습니다.

"세상 어느 나라 국민들이 저렇게 한마음으로 똘똘 뭉칠 수 있을까? 한국인들은 정말 대단한 사람들이야."

"맞아, 한국은 다시 일어설 수 있는 나라야."

외국 투자자들은 다시 우리나라를 믿을 수 있는 나라로 여기기 시작했습니다. 외국의 돈 많은 기업가들은 우리나라의 기업을 인수하고 투자도 늘어났어요. 한편 기업과 노동자들은 서로 양보하고 협동하여 더 좋은 물건을 만들려고 노력했습니다. 그 결과 2001년, 우리나라는 IMF

에서 빌린 돈을 4년 만에 모두 갚았어요. 이렇게 빨리 IMF의 돈을 갚은 나라는 대한민국뿐이었답니다.

이제 박세리의 하얀 '맨발의 투혼'이 주는 의미를 알게 되었지요? 당시 박세리 선수와 더불어 미국 프로야구 메이저리그에서 '코리언특급'으로 활약한 박찬호 선수도 있었습니다.

박세리와 박찬호는 그야말로 IMF 시대의 희망이었어요!

05. 쓰러진 슈퍼스타

나라에서는 US여자오픈에서 우승한 박세리에게 빨리 한국으로 들어오라고 요청했습니다. 대통령 훈장도 주고, 공항에서 서울 시내까지 카 퍼레이드를 해주겠다그 했지요. 하지만 박세리는 그럴 시간이 없었습니다. 아직 참가해야 할 골프 대회가 많아서 정중하게 거절했습니다.

박세리는 그해 네 거의 대회에서 우승하고, 연말에 돌아왔습니다. 공항에는 박세리를 인터뷰하려는 기자들 수백 명과 박세리를 직접 보기 위해 몰려든 엄청난 팬들로 발 디딜 곳이 없었어요.

"오우, 저 사람들 좀 봐! 한국에서 박세리보다 더 인기 있는 스타가 있을까!"

미국 기자들은 박세리와 함께 비행기를 타고 왔는데, 공항에서 박세리

미국 진출 초기인 1998년 박세리 (사진 민수용)

를 환영하는 사람들을 보며 깜짝 놀랐습니다.

인기스타가 방송에 나오면 시청률이 오르기 때문에 모든 방송사들이 박세리에게 출연해 달라고 했어요. 신문사의 인터뷰 요청도 끝이 없었습니다.

그뿐이 아니었어요. 대통령, 국무총리, 국회의원들, 시장도 박세리를 만나자고 했습니다. 박세리는 귀국 첫날부터 30분 단위의 일정을 소화하느라 새벽에 일어나 밤늦게까지 정신이 없었어요. 박세리는 가족도 제대로 못보고 시차적응도 안 된 상태에서 하루 종일 움직여야 했지요.

"골프 경기보다 국내 환영행사가 훨씬 힘들어요."

얼마나 힘들었는지 박세리는 무리한 일정에 쫓기다가 결국 쓰러지고 말았습니다.

"앞으로 절대적인 안정이 필요합니다."

박세리를 진찰한 의사가 말했습니다. 결국 박세리는 대통령도, 국회의원들도 만나지 못했어요. 훈장을 주겠다고 청와대로 초대했는데, 가지 않은 사람은 박세리밖에 없을 거예요. 물론 일부러 가지 않은 것은 아니지만, 박세리가 얼마나 유명하고 인기가 있었는지 알 수 있겠지요?

06. 눈물의 은퇴식

"저 들에 푸르른 솔잎을 보라……."

길고 긴 시간이 흐른 2016년 10월, 인천국제공항 옆 '스카이72' 골프장에 다시 〈상록수〉가 울려 퍼졌습니다. 오래전 어렵던 시절 텔레비전을 켜면 매일 들을 수 있었던 이 노래를 어린이들이 아름답게 합창했습니다. 골프장의 대형 스크린에서는 박세리가 양말을 벗고 물에 들어가는 장면이 흘러나왔습니다. 이제 서른아홉 살이 된 박세리는 이 음악을 들으며 눈물을 흘렸습니다.

박세리의 은퇴식이었어요. 박세리는 한국에서 열린 LPGA 대회인 'KEB하나은행 챔피언십'에서 국내 팬들에게 공식 작별인사를 했습니다. 미국에서는 7월 열린 US여자오픈에서 이미 은퇴식을 했답니다.

한국에서 벌어진 은퇴식은 시작 전부터 대단했어요. 1000여 명의 팬이 모여 기념수건을 목에 두르고 박세리와의 이별을 아쉬워했습니다. 팬들은 '사랑해요 세리'라는 글귀가 적힌 빨간 수건을 흔들었어요. 박세리가 연습을 할 때부터 쫓아와 박세리를 응원했습니다. '영원한 골프 전설, 당신을 기억하겠습니다' 같은 내용의 현수막도 걸었습니다.

팬들에게 환하게 웃어주던 박세리는 마지막 홀의 경기를 마치고 눈물을 흘렸습니다. 박세리를 따라다니던 아버지 박준철 씨도 함께 울었습니다. 박세리는 경기를 마치고 아버지를 힘껏 안았어요.

박세리를 우러러보고 골프를 시작했던 많은 선수들도 찾아왔습니다. US여자오픈에서 맨발의 투혼을 보이며 우승한 박세리처럼 멋진 골프 선수가 되겠다고 생각한 선수들이죠. 올림픽 금메달리스트인 박인비를 비롯해서, 김효주, 안시현, 전인지, 박성현 등 유명한 선수들이 박세리와 따뜻하게 포옹했습니다. 야구선수 박찬호와 선동열 등 다른 종목의 전설적인 스타들도 찾아와 뜻깊은 순간을 함께 했습니다.

선수들과 팬들은 모자를 벗어 박세리에게 경의를 표했습니다.

"많은 팬들이 응원해주셔서 우승했을 때보다 더 행복해요. 제 인생 최고의 순간인 것 같아요."

박세리는 기쁨에 찬 목소리로 소감을 이야기했습니다. US여자오픈

골프대회 때 첫 우승을 한 모습도 강렬했지만, 은퇴식도 굉장히 멋있었습니다. 시작과 끝이 도두 감동적이었습니다.

자, 그럼 우리나라 국민들에게 꿈과 희망을 불어넣어준 골프선수 박세리의 모험을 찾아 떠나볼까요?

2장

난 골프가 너무 재밌어

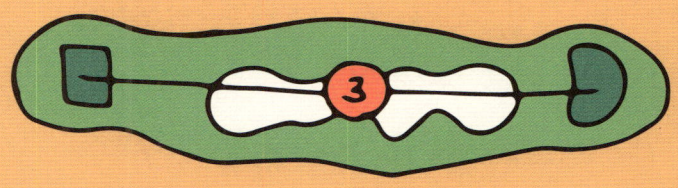

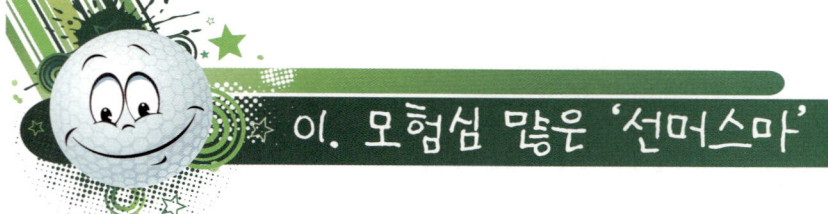

이. 모험심 많은 '선머스마'

박세리는 초등학교 3학년 때까지 가족들과 미국 하와이에서 살았습니다. 아버지는 골프를 무척 좋아해서 집 앞의 잔디밭이나 공원에 가서 골프공을 치곤 했어요. 딸 셋 중에 둘째인 박세리는 아버지를 유별나게 따랐답니다. 아버지가 운동하러 갈 때도 꼭 따라 나가 친 공을 주워오기도 했습니다.

어느 날 세리도 한번 공을 쳐 보고 싶은 생각이 들었어요.

"아빠, 나도 한번 치고 싶어요."

"그래? 그럼 한번 해보려무나."

아버지는 속으로 '후훗, 니가 칠 수 있겠니?' 하는 생각이 들었어요. 골프클럽이 딸에게는 너무 컸거든요.

34

"씨—이—윙"

박세리는 힘껏 휘둘렀어요. 어라? 그런데 공은 그대로 있었어요. 공을 아예 맞히지 못한 거예요. 두 번째도 공을 치지 못했습니다.

"세리야, 아직은 안 되겠다. 자, 아빠한테 클럽 돌려줘."

그러나 세리는 포기하지 않았습니다.

"싫어요, 아빠. 한 번 더 해볼래요."

아버지는 평소 말 잘 듣고 고분고분하던 딸이 고집을 부리자 조금 놀랐습니다. 박세리는 몇 차례 연습 스윙을 해본 다음 골프클럽을 힘껏 휘둘렀어요.

"딱!"

이번엔 공이 멀리 날아갔습니다. 눈썰미가 있는 박세리는 아버지가 골프클럽을 휘두르는 모습을 지켜보면서 본능적으로 원리를 이해했던 거예요. 아버지는 박세리가 처음인데도 골프클럽을 쥐는 자세도 선수만큼 완벽한 걸 보고 속으로 깜짝 놀랐습니다.

골프공을 치는 것은 그렇게 쉽지는 않답니다. 야구 선수들도 처음에는 "시속 150킬로미터로 날아오는 공도 치는데, 가만히 있는 공치는 게 뭐가 어렵나"고 말합니다. 하지만 직접 골프를 해보면 고개를 절레절레 흔든답니다. 생각보다 훨씬 어렵거든요.

사람은 눈앞에 공이 있으면 손으로 치려는 본능이 있답니다. 그런데 골프공은 손이 아닌 온몸을 조절해서 쳐야 합니다. 손으로 치면 공이 멀리 날아가지도 못하고 휘어져 엉뚱한 곳으로 날아가 버리지요. 또 사람들은 날아가는 공을 보려고 본능적으로 고개를 들게 되는데 그러면 몸이 움직이면서 공을 제대로 맞힐 수가 없습니다.

프로선수들이 공을 멋지게 하늘 위로 띄워 보내지요? 사실 그렇게 하려면 골프클럽을 땅에 박는다는 생각으로 쳐야 한답니다. 그런데 골프를 처음 하는 사람들은 공을 띄우려고 올려치다 보니 스윙이 제대로 잘 안 된답니다.

대부분 골프의 원리를 안다고는 해도 실제 공 앞에 서면 이런 본능 때문에 실수를 하고 말지요.

이렇게 골프가 어려운데, 초등학교 3학년인 박세리가 자기 키만 한 남자 어른의 골프클럽을 잡고 공을 제대로 쳐낸 겁니다.

"박세리, 나이스 샷!"

아버지는 손뼉을 치며 칭찬해 줬습니다. 속으로는 무척 흐뭇했어요. 박세리가 골프에 재능이 있는 것 같다고 생각했습니다. 그러나 당장 골프를 시키지는 못했어요. 집안 형편이 좋지 않아 더 이상 미국에서 생활할 수 없었습니다. 다시 한국으로 돌아온 박세리도 한동안 골프를 잊고 지냈습니다.

박세리는 어릴 때부터 운동을 잘했습니다. 모험심도 많았고요. 그 모습이 마치 장난꾸러기 남자아이 같아서 동네 사람들은 '선머스마'라고 불렀답니다. 선머슴은 차분하지 못하고 매우 거칠게 덜렁거리는 사내아이를 뜻하는 말이에요.

"세리야, 조심해! 천천히 가…… 으악!"

박세리는 언니를 자전거에 태우고 논둑길을 달리다가 논으로 고꾸라진 일도 있었습니다. 그 이후 언니는 자전거 근처에도 안 갔지만 박세리는 다음날 또 자전거를 타고 논길을 씽씽 달렸어요.

"세리야, 너무 높아…… 앗!"

그네를 탈 때도 세리는 보통 아이들과 달랐어요. 너무 높이 올라가는 바람에 그네에서 떨어진 일도 있었습니다. 어른이 되어서도 박세리는 무시무시한 놀이기구를 눈 하나 깜빡하지 않고 탔답니다.

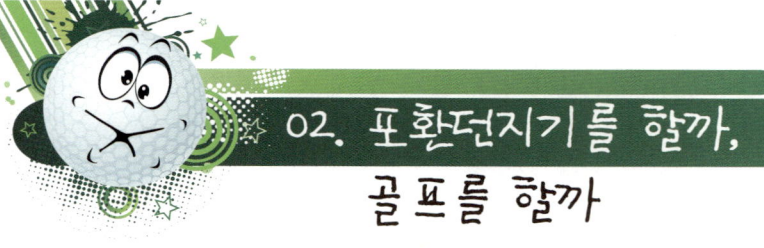

02. 포환던지기를 할까, 골프를 할까

박세리는 6학년 때 골프를 시작했습니다. 아버지는 둘째딸이 골프를 아주 잘 할 거라고 믿었어요. 그러나 왠지 실력이 늘지 않는 거예요. 사실 그 이유가 있었습니다. 박세리는 아버지 몰래 학교에서 육상운동인 포환던지기를 하고 있었어요. 박세리는 초등학교 때 대전시민체육대회 400미터에서 우승한 적도 있을 만큼 육상을 잘했어요.

하지만 낮에는 학교에서 포환던지기 운동을 하고 저녁에는 골프를 하려니 몸이 너무 버거웠습니다.

"올림픽에서 금메달도 딸 수 있을 거야."

실력이 나날이 늘어나는 박세리의 실력을 보고 선생님이 칭찬해주셨습니다. 박세리는 기분이 좋았어요. 포환던지기도 나름 재미있었거든요. 그 무거운 공이 하늘을 날아가는 모습을 보면 가슴이 뻥 뚫리는 느낌이 들었어요.

그러나 아버지에게는 말할 수 없었어요. 아버지는 박세리를 골프선수로 키우고 싶어 했으니까요.

"세리야, 네 신발은 왜 코가 쉽게 닳아버리니?"

어느 날 아버지는 딸의 운동화 앞코에 구멍이 난 것을 발견했습니다. 포환을 던질 때 발끝을 축으로 사용해서 닳고 닳아 구멍이 뚫린 거예요. 아버지가 계속해서 묻자 박세리는 사실대로 말할 수밖에 없었어요.

아버지는 당장 학교에 가서 왜 포환던지기를 시켰느냐 따졌습니다. 포환던지기를 가르치는 선생님은 아버지의 고등학교 선배이기도 했어요.

"선배님, 이제 세리 포환던지기 그만할 겁니다."

"이보게, 세리 아빠. 포환던지기 선수 중에 세리처럼 키도 크고 체력이 좋은 선수는 어디에도 없어. 이제 곧 전국체전도 준비해야 하는데, 세리가 안 하면 누가 하나?"

"그만할 겁니다."

"세리는 골프보다 포환던지기를 잘할 거라니까."

"그래도 그만할 겁니다."

"포환던지기를 하면 팔 힘도 좋아지고, 복근도 단련돼. 그럼 골프에도 도움이 될 거야."

"흐음, 정 그러시다면……."

끝이 없을 것 같은 이야기는 드디어 매듭이 지어졌습니다. 아버지는 선생님의 거듭되는 부탁을 거절할 수 없었고, 포환던지기가 골프에도 도움이 된다고 하니 더 이상 버틸 수 없었습니다. 그래서 한동안 포환던지기와 골프를 같이 하게 되었답니다.

포환던지기는 무거운 금속 공을 멀리 던지는 경기예요. 금속 공을 얼굴에 붙이고 있다가 회전하면서 힘껏 밀어서 던집니다. 이 운동을 잘하려면 하체의 힘이 좋고 몸도 유연하고 집중력도 필요합니다. 박세리는 3년 넘게 포환던지기와 골프 두 운동을 하다가 중학교 3학년 때부터 골프에 집중하기로 했어요. 박세리가 워낙 골프에 재능을 보였기 때문이지요.

하지만 포환던지기는 골프선수가 되려는 박세리에게 큰 디딤돌이 되었답니다. 다른 선수가 세 번 쳐서 보낼 거리를 세리는 두 번만 쳐도 보낼 수 있었어요. 체격이 좋은 유럽과 미국 선수들과의 경쟁에서도 밀리지 않고 최고의 골프선수가 된 것도 포환던지기를 운동한 덕분이었어요.

"오우! 저기 아시아 선수. 체격도 탄탄하고 실력도 보통이 아닌데?"

"아, 세리 박! 장타력이 정말 대단한 선수야!"

외국의 골프팬들도 박세리를 눈여겨보기 시작했습니다.

40

한국에서 유명한 남자 골프선수는 최경주와 양용은이 있습니다. 최경주는 미국에서 벌어진 유명한 골프대회에서 여덟 번이나 우승했고, 양용은은 세계적인 대회에서 골프황제 타이거 우즈에게 처음으로 역전 우승을 했어요. 두 사람 도두 오랫동안 꾸준히 선수생활을 하고 있답니다.

최경주, 양용은 선수와 박세리의 공통점은 모두 어려서부터 골프 외에 다른 운동을 했다는 거예요. 최경주는 역도를 했고, 양용은은 보디빌딩을 했어요. 어릴 때부터 격렬한 운동으로 몸을 튼튼하게 해 놓은 것이 골프에 바탕이 되었던 것이지요.

사람은 성장하면서 특정한 시기에만 열리는 창문이 있다고 합니다. 공부도 다 때가 있다는 말과 비슷한 뜻이죠. 골프선수로 장타를 칠 수 있는 기반은 몸의 스피드와 힘이에요. 스피드를 얻을 수 있는 창문은 열 살쯤, 힘을 키울 수 있는 창문은 10대 중반에 열린다고 합니다. 10대 때 격렬한 운동을 통해 스피드와 힘을 만들어놓지 않으면 나중에 아무리 노력해도 그 체력을 만들기 어렵다고 합니다. 그러니까 박세리는 10대 때에 골프에 필요한 스피드와 힘을 길러놓았던 셈이지요.

03. '공동묘지 훈련'의 숨은 이야기

　여러분, 밤에 공동묘지에 가본 적이 있나요? 박세리의 유명한 일화 중에 '공동묘지 훈련'이 있습니다. 담력과 집중력을 키우기 위해 한밤중에 공동묘지에서 스윙연습을 했다는 이야기예요. 그 때문인지 어린 골프선수들 대부분이 한두 번은 공동묘지에 가서 스윙연습을 했다고 합니다.

　요즘은 공동묘지가 밤이면 가로등도 켜지고, 관리하는 사람이 있어 공원처럼 잘 가꿔져 있지만 예전에는 달랐답니다. 해가 지면 칠흑처럼 어두웠어요. 귀신이 나올 것 같은 공동묘지에서 어린 골프선수가 스윙연습을 하고 있다고 생각해보세요.

　"앗, 저기 봐. 여자아이 같은데…… 혼자 뭘 휘두르고 있어. 귀……

귀신 아냐?"

온몸에 소름이 돋고 오싹하지 않을까요? 지나가는 사람 입장에서는 무덤 앞에서 쉭쉭 소리를 내면서 막대기를 휘두르고 있는 박세리가 더 무서웠을지도 몰라요. 그런데 말이죠, 박세리 선수는 진짜로 공동묘지 훈련을 한 건 아니래요.

박세리가 중학교 2학년 때, 아버지는 서울에서 열리는 큰 골프대회에 가 보았습니다. 대회에 참가한 어린 선수들은 개인 코치도 있고, 유명한 브랜드의 옷을 입고 있었어요. 아무것도 없는 박세리와는 너무 달랐던 거죠.

'아무리 세리가 재능이 뛰어나도 이대로는 뒤처지게 될 거야. 세리가 부족한 점을 메울 수 있도록 나도 연구하고, 세리도 더 많이 훈련하게 하자.'

아버지 못지않게 박세리도 골프에 대한 열정이 대단했습니다. 그렇게 마음이 잘 맞은 아버지와 딸은 열심히 훈련을 했어요.

어느 추운 날, 아버지는 박세리에게 스윙연습을 하고 있으라 하고 잠깐 일을 보러 갔어요. 당시 박세리가 운동을 하던 골프연습장은 산에 있었어요. 근처에는 무덤도 있었겠지요?

아버지는 이런저런 일을 처리하다 보니 어느 새 밤이 되었답니다. 피곤한 몸을 이끌고 집에 돌아와 보니 박세리가 안 보였어요. 아차! 아버지는 박세리에게 연습하고 있으라고 했던 걸 기억했습니다. 화들짝 놀란 아버지는 온갖 걱정에 쏜살같이 연습장으로 달려갔습니다.

늦은 밤, 골프연습장은 문이 닫혀 있었습니다. 그런데 저 안쪽에 작은 불빛이 보였습니다. 헐레벌떡 달려가 보니 박세리 혼자 클럽을 들고 연습을 하고 있었습니다.

"세리야, 너 왜 아직도 여기 있어?"

"아빠가 연습하고 있으라고 했잖아요. 집에 가고 싶기도 했지만, 연습해야죠. 그래야 최고 선수가 될 수 있잖아요."

아버지는 와락 박세리를 안았습니다. 박세리의 손은 꽁꽁 얼어붙어 얼음처럼 되어 있었대요. 아버지는 참을 새도 없이 눈물을 철철 흘렸습니다. 안쓰러운 마음으로 차가운 딸을 안아주었는데, 한편으로는 대견하고 흐뭇했어요.

'이렇게 의지가 강한 걸 보니, 우리 세리는 앞으로 훌륭한 선수가 되겠구나.'

세계적인 선수가 되고 나서 박세리는 공동묘지에서 훈련을 한 적은 없다고 했습니다. 그런데 왜 박세리 선수의 '공동묘지 훈련'이 이렇게 널리 퍼졌던 걸까요? 운동을 하는 데 담력이 그렇게 중요한 걸까요?

04. 두려움에 맞설 수 있는 힘

　프로선수는 굉장히 멋있는 직업이죠? 훌륭한 성적으로 유명해지고, 엄청난 상금을 받을 수 있습니다. 하지만 성공하기까지 수많은 어려움을 겪게 됩니다. 가장 중요한 것은 두려움과 공포를 이겨내야 하는 거예요.

　야구선수는 어떨까요? 타자는 투수가 던지는 불같은 강속구에 머리를 맞을 수도 있어요. 축구선수도 마찬가지예요. 드리블을 하다 보면 상대선수가 거친 태클로 저지하려고 해요. 종종 유명한 선수들이 발목 부상을 당했다는 뉴스를 들을 수 있습니다.

　이렇게 언제든 다칠지 모른다는 두려움을 이겨내는 만큼이나 또 자신과의 싸움에서도 이겨내야 하는 경우도 있습니다. 승부차기가 바로 그것이죠. 동점 상황에서 마지막 선수는 패배의 책임을 뒤집어쓸 각오를 하고 공을 차야 합니다. 요즘 인터넷에서는 무시무시한 악성 댓글들도 있잖아요. 선수를 욕하는 그런 살벌한 댓글도 이겨내야 합니다.

'내가 친 공이 연못에 빠지면 어떡하지?'

'이렇게 많은 갤러리들이 보고 있는데, 짧은 퍼트를 실패하면 어떡해.'

골프선수들도 매번 비슷한 두려움을 겪습니다. 실제로 이러한 두려움을 이겨내지 못하고 슬럼프(자기 실력을 제대로 발휘하지 못하고 저조한 상태가 길게 계속되는 일)에 빠지거나, 너무 힘들면 은퇴하기도 합니다.

뛰어난 운동선수들은 이런 두려움을 이겨낸 사람들입니다. 운동선수뿐만 아니라 모든 훌륭한 인물들은 두려움에 맞서 이겨냈던 사람들이라 할 수 있답니다.

박세리의 강훈련은 유명하답니다. 골프를 시작하고 나서 매일 새벽 5시 30분에 일어났어요. 졸린 눈을 비비고 15층 아파트 오르내리기를 다섯 번이나 반복했습니다. 박세리는 다리나 허벅지가 보통 남자보다 두껍고 단단하답니다. 끊임없는 하체 훈련으로 단련한 덕분이지요. 15층 아파트를 올라가는 것도 힘이 드는데, 박세리는 내려오는 일이 더 힘들었어요. 왜냐하면 아버지가 뒷걸음질로 내려오라고 했거든요.

박세리는 아파트 계단 오르기 훈련은 그래도 쉽게 적응할 수 있었는데, 내려오는 훈련은 많이 힘들었습니다. 뒷걸음질로 한 걸음에 한 계

2장 난 골프가 너무 재밌어 · 47

단씩밖에 걸을 수 없어서 너무 답답했어요.

어느 날 박세리는 아버지에게 뒷걸음질이 힘들다고 투정을 부렸어요.

"힘들긴 뭐가 힘들어! 좋아, 그럼 아빠도 한번 해볼게."

아버지는 큰소리를 쳤습니다.

"아이고, 세리야. 나는 못하겠다."

아버지는 다섯 층 정도 내려오다가 그만 솔직하게 포기했습니다.

"세리야, 너 정말 힘든 훈련을 하는구나. 네가 아빠보다 훨씬 낫다."

아버지와 세리는 함께 웃었습니다. 하지만 아버지는 계단 내려오기를 통해 아무리 급해도 하나씩 하나씩 풀어나가야 한다는 인내심을 가르쳐주었습니다. 경기가 안 풀리고 답답할 때 박세리는 어린 시절의 끝없는 계단 내려오기를 떠올렸습니다. 그러면 마음이 차분해졌지요.

박세리는 계단 오르내리기 훈련만 한 건 아니었습니다. 유연성을 높이기 위해 요가를 했고, 하루에 6킬로미터씩 달리기도 했지요. 골프 연습은요? 샷 연습 800번, 퍼트(그린 위에서 공을 홀컵에 넣기 위해 치는 것) 연습 600번 정도씩 했어요. 새벽부터 밤 10시까지 골프만을 위해 움직였죠. 밥을 먹으면서도 손목운동을 하기도 했답니다.

또래 친구들은 힘들면 좀 쉬었지만 박세리는 힘들면 더 열심히 했어요. 그 한계를 넘고 싶어 했어요.

05. 놀라운 집중력

"내 딸은 골프 칠 때는 귀머거리가 됩니다."

박세리 아버지가 한 말입니다. 골프는 아주 예민한 운동이라 누군가 움직이는 소리, 대화하려고 주고받는 작은 소리에도 골프선수는 영향을 받습니다. 카메라 셔터 소리에도 실수를 하게 되는데 박세리는 별로 방해받지 않고 평소처럼 스윙을 할 수 있었어요. 경기 중에 엄청난 집중력을 보일 수 있도록 평소에 스스로를 단련해놓습니다.

뛰어난 실력을 보인 야구선수들이 인터뷰에서 "공이 수박만 하게 보였어요"라고 할 때가 있습니다. 목표에 집중하면 다른 것은 전혀 보이지 않는 무아지경에 이른 거예요. 이런 몰입상태를 영어로 '존(ZONE)'이라고 해요.

2장 난 골프가 너무 재밌어 · **49**

한 심리학자는 예술가들이 작업에 빠져들면 전혀 흔들리지 않고 집중력을 발휘하는 순간이 있다는 걸 발견했습니다. 이때 창의력이 엄청나게 높아져 뛰어난 작품이 탄생합니다. 심리학자는 집중력이 극도로 높은 이 상태가 다른 분야에서도 일어나는지 연구했어요.

리오넬 메시나 타이거 우즈 같은 대단한 선수들은 보통 선수들과 달리 이 존(ZONE)을 더 많이 경험하고, 한 번 경험하면 오래 남아 있는 것 같다고 합니다.

골프에서도 퍼팅이 매우 잘될 때 선수들은 이런 말을 합니다.

"그린의 땅과 내 몸이 꼭 하나가 된 것 같았어요."

"홀컵 속의 흙냄새까지 느껴졌어요."

거짓말 같지요? 실제로 그런 때가 있다고 합니다. 고도의 집중력으로 자연과 하나가 되는 거예요. 인간의 능력은 믿을 수 없을 정도로 뛰어나다고 합니다. 놀라운 재능을 보여주는 운동선수는 그 능력을 아낌없이 발현하는 거지요. 박세리는 훈련 시간도 많았지만, 그런 집중력도 뛰어났습니다.

축구선수 박지성, 야구선수 박찬호도 "집중력을 갖추지 않고서는 훌륭한 선수가 될 수 없다"고 했습니다. 여러분은 "놀 땐 놀고, 공부할 땐 공부하라"는 말을 들어본 적 있나요? 운동 할 때나 공부 할 때나 하고 있는 일에 몰입하면 놀라운 결과가 일어난답니다.

06. 아버지의 비밀작전

"좋아! 이만하면 공이 그린 위에 날아가 있을 거야."

공은 힘차게 일직선으로 멀리 날아갔어요. 박세리는 만족스럽게 샷을 하고는 그린으로 걸어갔습니다. 그런데 공이 보이지 않았어요.

박세리는 대전의 유성골프장에서 연습했습니다. 골프장은 오르막, 내리막이 많은 산에 있어서 공이 잘 보이지 않았어요. 아버지는 미리 공이 떨어질 만한 곳에 가서 공의 위치를 확인해주곤 했습니다. 그런데 종종 잘 쳤다고 생각해서 가보면 공이 안 보일 때가 있는 겁니다.

"이상하다? 분명 공이 똑바로 갔는데."

박세리는 고개를 갸우뚱 했습니다.

"세리야, 공 여기 있다."

2장 난 골프가 너무 재밌어 · 51

LPGA 투어 첫 해인 1998년, 대회 중 퍼트를 하고 있는 박세리.
공을 멀리 친 박세리는 퍼트 실력도 뛰어났다. (사진 민수용)

아버지는 벙커(음푹 패인 지형에 모래로 이루어진 지역. 코스 중간이나 그
린 주변에 있음)나 깊은 풀숲에 있는 공을 찾아내서 박세리에게 알려주
었습니다. 박세리는 화가 났어요.

"샷이 좋았는데, 이게 뭐람."

그런데 반대의 상황도 벌어졌습니다. 샷을 할 때 실수를 해서 공이 똑바로 날아가지 못했는데, 좋은 위치에 공이 있는 거예요.

"어, 공이 왜 저기에 있지? 샷이 엉망이었는데!"

아버지는 일부러 좋은 곳에 있는 공을 나쁜 곳으로, 벙커에 있는 공은 좋은 곳에 놓아두기도 한 거예요. 왜 그랬을까요? 나중에 아버지는 이렇게 이야기해 주었습니다.

"세리야, 사람이 자신감이 지나치게 되면 교만하게 되고 방심하게 돼. 반대로 너무 위축되면 제 실력을 발휘할 수 없어."

아버지는 박세리에게 방심하지도 말고, 좌절하지도 않아야 한다는 지혜를 일깨워줬습니다. 박세리는 선수생활을 하는 동안 몇 차례 위기를 맞았어요. 하지만 그때마다 아버지가 해주신 말씀을 기억하며 마음을 다스릴 수 있었답니다.

2장 난 골프가 너무 재밌어 · **53**

네가 박세리면 나는 타이거 우즈

여러분은 온라인게임을 좋아하나요? 어린이뿐 아니라 게임을 좋아하는 어른들도 참 많습니다. 박세리 선수도 게임을 좋아했을까요? 국내에서 훈련을 할 때에는 게임을 할 시간조차 없었어요. 워낙 강도 높은 훈련을 하느라 쉴 때에도 게임을 할 여유가 없었던 거예요. 그런데 미국에 진출하고 나서 조금은 시간이 났어요. 매주 비행기와 자동차를 타고 골프대회가 열리는 미국의 여러 도시를 옮겨 다녀야 했는데, 호텔에 들어오면 적적하기도 했어요. 박세리도 자투리 시간이 나는 밤에 조금씩 게임을 했습니다.

박세리는 '테트리스'라는 게임을 잘해서 누구하고 대결해도 이길 자신이 있었답니다.

종종 자기를 도와주는 에이전트와 함께 온라인게임도 했어요. 어느 날 온라인게임에서 상대와 인사를 나누었습니다.

"나는 증권회사에 다니는 직장인입니다. 당신은 누구세요?"

"나는 골프선수 박세리예요."

"박세리요? 농담하지 말고 제대로 소개해주세요."

"박세리 맞아요. US오픈에서 우승한 골프선수 박세리. 모르세요?"

"당신이 박세리면 나는 타이거 우즈다. 정말 농담 좀 그만해요!"

그러고는 화가 나서 게임방에서 나가버렸대요.

박세리는 에이전트와 함께 웃음을 터트렸어요. 그다음부터는 온라인게임을 잘 안 하게 됐는데, 어쩌다가 자기를 소개할 때 박세리라는 말은 하지 않았답니다.

'골프황제' 타이거 우즈도 온라인게임을 좋아했다고 합니다. 우즈의 아버지는 군인이었어요. 그래서 우즈는 군인들이 나오는 전투게임을 즐겨 했고, 골프게임도 잘했어요. 이렇듯 가끔씩 스트레스를 풀어줘야 운동이 잘된다고 합니다.

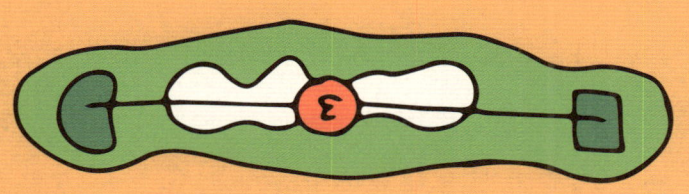

아름다운 우리 강산
우리나라 꽃송이

무궁화

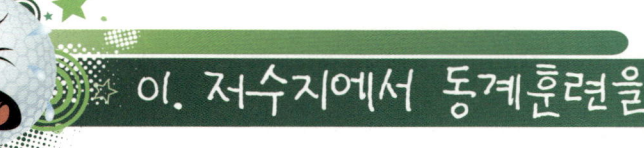

이. 저수지에서 동계훈련을

　박세리는 집안 형편이 넉넉하지 않았습니다. 초등학교 때 잠깐 미국의 하와이에서 살았던 것도 아버지가 하던 일이 잘되지 않았기 때문이었습니다. 한국으로 돌아와서 다섯 식구는 가게가 달린 집의 방 한 칸에 세 들어 살았어요. 좁고 불편하고, 아침에 화장실을 가려면 오래 기다려야 했어요. 그래도 어린 박세리는 꿈을 잃지 않았습니다.

　골프 운동을 하기가 가장 어려울 때는 언제일까요? 바로 겨울입니다. 그래서 프로선수뿐 아니라 어린 선수들도 해외로 나가서 훈련을 합니다. 태국, 호주 같은 따뜻한 나라에 가기도 하고, 어떤 선수들은 돈을 많이 들여 미국도 갑니다. 그러나 박세리는 그런 환경에서 훈련을 할 형편이 못됐어요.

"세리야, 훈련 가자."

아버지가 이렇게 이야기하면 세리는 저도 모르게 이를 악물었습니다. 땅은 얼어 있고, 바람이 세차게 부는 곳으로 가야 했거든요. 박세리와 아버지는 물이 빠진 저수지에 텐트를 쳐놓고 훈련했습니다. 저수지가 박세리에게는 동계 훈련지였던 셈이지요. 아버지 말씀처럼 바닥엔 모래가 있어 벙커샷을 연습하기에 좋고, 주변의 잡초밭도 실전 경기처럼 연습할 수 있었습니다.

말은 그렇게 했지만 겨울 저수지는 너무도 추웠습니다. 양말을 여러 개 신어도 차가운 기운이 발끝으로 올라왔지요. 하지만 박세리는 참아 냈어요. 좋은 성적을 내려면 이까짓 추위는 이겨낼 수 있다고 생각했거든요. 손에 서리가 낄 정도로 엄청나게 추운 날씨에도 언 손을 호호 불면서 스윙 연습과 훈련을 멈춘 적이 없었습니다.

"한국 사람은 햄버거가 아니라 고추장, 된장 먹고 최선을 다해야 하는 거야. 그래야 성공할 수 있다."

"네, 아빠."

아버지는 딸에게 미안한 마음을 감추며 이렇게 이야기했어요. 차가운 저수지가 훈련하기 좋은 곳이라는 것도 박세리를 위로하기 위해 한 말이었습니다. 그렇지간 박세리는 아버지의 이 말을 굳게 믿고, 열심히 훈련했습니다.

02. 아쉬움이 가득했던 데뷔전

　박세리는 중학교 2학년이 되자 본격적으로 골프대회에 출전했습니다. 보통 골프를 배우려면 초등학교 4학년 때부터 체계적으로 훈련하고 연습을 하는데, 박세리는 그런 과정을 밟지는 못했습니다. 장비도 너무 낡았는데, 그마저도 골프대회에 참석할 때는 아버지가 쓰던 낡은 골프 클럽을 써야 했답니다.

　"그냥 경험 쌓는다고 생각하고 다녀오너라."

　처음 골프대회에 나가는 딸에게 아버지가 위로의 말로 다독였습니다.

　친구들은 모두 유명 브랜드의 가방에 골프클럽도 반짝반짝 빛나는 최신제품을 갖추고 출전했습니다. 당연한 듯 코치 선생님과 부모님도 따라 다녔지요. 하지만 박세리는 그 중에 아무것도 없었습니다. 아버지는

60

일 때문에 함께 오지 못하고 대신 삼촌이 따라와 주셨습니다. 박세리는 왠지 창피한 것도 같고, 속상하고, 기운도 없었어요.

그런데도 첫 대회에서 여중부 3등을 했습니다. 데뷔전치고는 굉장히 좋은 성적이었지요. 박세리는 만천하에 엄청난 가능성을 보여준 거예요.

"골프클럽만 좋았어도 우승할 수 있었는데……."

넉넉하게 도와주지 못한 아버지는 딸에게 미안한 마음이 많았습니다. 대신 자기 힘으로 딸을 도와줄 수 있는 일만큼은 최선을 다했습니다. 아버지는 골프에 관한 것은 무엇이든지 공부했어요. 골프 관련 책과 비디오를 꼼꼼하게 찾아보고, 골프를 잘 가르친다고 하는 선생님을 찾아가서 비결을 배우기도 했지요. 아버지는 골프 스윙 이론은 물론 훈련방법, 정신력 강화훈련 그리고 어떤 음식이 골프선수에게 좋은지 모두 공부하고 연구했습니다. 말하자면 골프박사가 된 거예요.

"내가 어릴 때 이렇게 공부했으면 아마 판사, 검사 됐을 거다."

아버지는 우스갯소리로 말했습니다.

"판사, 검사 아빠보다 지금 아빠가 더 좋아요."

그런데 박세리가 고등학교에 들어갈 무렵 가정 형편은 더욱 어려워졌습니다. 골프는 돈이 많이 들어가는 운동입니다. 골프장 이용료도 있어야 하고, 실력을 발휘할 수 있는 좋은 골프용품도 필요해요. 대회에 참가하기 위해서는 골프장까지 가야 해서, 어린 선수들은 부모님이 차로 태워다 줘야 했습니다.

아버지는 마침내 나날이 실력이 늘고 있는 박세리를 챙기는 일에 전념하기로 했습니다. 그 때문에 아버지가 하던 일을 어머니가 맡게 되고, 집안에는 늘 돈이 부족했습니다. 박세리의 자매들은 다 쓴 공책을 지우개로 지워서 다시 쓰기도 하고, 아버지는 친척들을 찾아가 도움을 받기도 했어요.

"저 사람은 능력도 없으면서 딸한테 비싼 골프를 시키고 있어."

"그러게 말이야. 저렇게 얼마나 버틸 수 있을까 몰라."

사람들이 아버지를 보고 쑤군거렸습니다. 하지만 아버지는 딸이 성공할 것이라는 확신이 있었기에 상처받거나 슬퍼하지 않았어요. 오히려 힘을 냈답니다.

대회가 열리는 기간에 다른 선수의 아버지들은 골프장 클럽하우스에서 식사를 했습니다. 그렇지만 박세리의 아버지에게 클럽하우스의 식사는 값이 너무 비쌌어요. 아버지는 골프장에서 멀리 떨어진 음식점에서 끼니를 때웠습니다. 맛있는 음식을 먹지 못하는 건 아무 문제가 아니었지요. 하지만 다른 선수의 부모와 어울리지 못하는 것이 내내 마음에 걸렸습니다. 혹시나 딸이 기가 죽을까 봐 마음이 아팠습니다.

03. 예언 우승

중학교 3학년 때 박세리는 경기도에서 열리는 전국 대회에 참가했습니다. 박세리가 보기에 대회에 참가한 또래 선수들은 모두 부잣집 아이들처럼 보였어요. 옷부터 장비까지 자기와 너무 차이가 났던 거예요. 그중에는 어릴 때부터 좋은 선생님께 골프를 배워서 늘 상위권을 독차지하는 선수들도 있었습니다. 박세리의 아버지는 그 선수들의 아버지에게 인사를 했어요. 그런데 그 사람들은 인사를 받는 둥 마는 둥 외면했답니다. 박세리의 아버지는 기분이 좋지 않았어요. 그렇지만 자존심이 상한 것보다는 딸이 속상해하고 기가 죽을까 봐 걱정됐습니다. 아버지는 꾀를 냈어요.

"한번 안아봐."

고교시절 우승 후 의류 후원을 받아 예쁜 옷을 입게 된 박세리
(사진 민수용)

아버지는 경기가 열리기 전에 박세리를 우승컵이 전시된 곳으로 데리고 가서 말했습니다.

"아빠, 우승컵 만졌다가 혼나면 어떡해요?"

박세리는 주위를 둘러보며 조심스럽게 말했어요.

"괜찮아, 이건 네 거야."

아버지는 우승컵을 번쩍 들어 박세리에게 안겨줬습니다. 엉겁결에 우승컵을 품에 안은 박세리는 기분이 활짝 펴졌습니다. 우승컵을 꼭 자기 것으로 만들고 싶은 생각이 들었어요. 자기를 위해 고생하는 아버지를 위해서라도 꼭 갖고 싶었습니다.

이틀 후, 박세리는 진짜로 그 우승컵을 품에 안았습니다. 우승컵은 네 것이라고 한 아버지의 예언이 실현된 셈입니다. 박세리는 당당하게 우승컵을 들고 사진을 찍었습니다. 이 우승은 박세리에게 큰 도움이 됐습니다.

"박세리 선수, 앞으로 우리 회사가 골프용품을 후원하겠습니다."

"골프복은 저희가 지원하겠습니다. 걱정 마세요."

박세리라는 유망주를 알게 된 골프업계 회사에서는 골프에 필요한 제품을 공짜로 줬습니다. 박세리처럼 실력이 좋은 선수가 쓰면 제품도 더 좋은 것으로 여겨지고 유명해집니다. 제품도 더 많이 팔리게 되지요. 그래서 스포츠용품 회사들은 유명한 선수에게 돈도 주면서 자기네 용품을 써달라고 한답니다.

이후로는 대회에 참가하는 친구들도 박세리를 바라보는 눈이 확 달라졌어요. 다른 선수들의 부모님들도 골프 실력이 뛰어난 박세리와 어울리기를 바랐습니다. 박세리에게 함께 식사를 같이하자는 부모님들이 늘어났습니다.

3장 어려움을 이겨낸 한국 최고 골프선수 · **65**

우승을 하면서 박세리가 얻은 가장 큰 소득은 자신감이었습니다. 열심히 하면 무엇이든 할 수 있다고 생각하게 됐어요. 박세리는 경기 전에 우승컵을 안아본 순간, 우승하고 싶은 열망이 커졌고 우승자처럼 생각할 수 있었어요. 그래서 챔피언이 됐습니다. 자신에 대한 자부심이 생겨나면서 어려운 상황에서도 쉽게 무너지지 않는 힘이 생겼습니다.

"자, 지금부터는 훈련의 강도를 높인다."

우승하면서 힘든 것도 있었습니다. 아버지는 이전보다 더 센 훈련을 준비했습니다. 아버지는 한 번 우승했다고 자만하면 안 된다고 생각했어요. 박세리는 힘이 들었지만, 아버지의 생각이 곧 자기 생각이라 여기고 신발 끈을 더 꽉 조였습니다.

박세리는 효녀랍니다. 강인한 아버지는 박세리가 멋진 실력을 보일수록 만족하기보다 더 놀라운 실력을 발휘할 수 있도록 강도 높은 훈련을 시켰습니다. 어린 소녀가 견디기에는 힘든 훈련이었지만, 아버지를 원망하기는커녕 오히려 아버지를 걱정했습니다. 박세리는 다른 어른들에게 용돈을 받으면 그대로 저금통에 넣어 어버이날 부모님께 선물을 사 드리기도 했어요.

아버지와 박세리의 고된 훈련은 또다시 빛을 발했습니다. 중학교 3학년 때 세리는 프로선수들도 참가하는 대회에 나가서 우승했어요. 국내

갈마중 3학년이던 1992년 프로대회인 라일 앤드 스코트 오픈에
서 우승한 박세리 (사진 민수용)

방송사와 신문사는 여중생의 우승을 아주 크게 다루었어요. 그래서 박
세리라는 이름은 더욱 전국적으로 알려지게 됐답니다.

3장 어려움을 이겨낸 한국 최고 골프선수 · 67

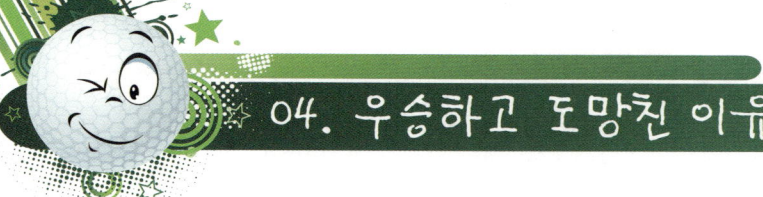

04. 우승하고 도망친 이유

　　여러 골프대회에서 우승을 하긴 했지만, 박세리네 집은 경제적으로 좋아지지 않았습니다. 아마추어 선수는 골프대회에서 아무리 우승을 해도 상금을 받을 수가 없었거든요. 골프에도 직업으로 삼는 프로 선수가 아니면 상금을 받을 수 없다는 규칙이 있습니다. 프로와 아마추어가 함께 참가하는 대회에서 아마추어 선수가 1등을 하면 2등을 한 프로선수가 1등 상금을 받습니다. 학생선수인 박세리는 아마추어이기 때문에 우승을 하고도 상금을 한 푼도 받을 수 없었습니다. 그럼에도 박세리는 꾸준히 대회에 참가했습니다.

　　고등학교 때였습니다. 큰 대회가 열렸는데 비가 너무 많이 내렸습니다. 비바람이 날리자 선수들은 크고 작은 실수를 했습니다. 골프클럽도 미끄럽고 잔디도 젖어 있어 평소대로 스윙이 되지 않았습니다. 원하는 방향으로 공을 날리기도 어려웠습니다. 하지만 박세리는 웬만한 악천후에는 꿈쩍도 안 했답니다. 비바람이 부는 날에도, 손이 곱을 만큼 추운 날에도 쉬지 않고 훈련을 한 덕분이에요. 박세리는 또 우승을 차지했어요.

"세리야, 너 또 우승했구나. 대단하다."

"축하해. 한턱 쏠 거지?"

"그래, 이번엔 우승 턱 한번 쏴."

친구들은 다가와 축하 말을 건넸습니다.

하지만 아버지는 서둘러서 짐을 쌌어요.

"이럴 때가 아니다. 세리야, 어서 집으로 돌아가자."

박세리는 아버지에 이끌려 도망치듯 후문으로 나와야 했습니다.

골프대회에서 우승하면 참가한 친구들에게 한턱내는 것이 관례입니다. 하지만 박세리 아버지는 돈이 없었습니다. 겨우 집으로 돌아갈 교통비만 있을 뿐이었지요.

"딸이 우승을 했는데 죄인처럼 도망쳐야 하다니……."

강인한 아버지였지만, 이 순간만큼은 눈물을 참을 수 없었습니다. 여러분이 박세리라면 아버지에게 어떤 마음이 들었을까요? 고맙고 감사한 마음도 있지만, 한편으로는 친구들한테 창피하지 않았을까요? 하지

3장 어려움을 이겨낸 한국 최고 골프선수 · **69**

만 박세리는 창피한 마음보다 이렇게 어려운 가운데서도 자신을 돌봐주는 아버지에게 감사한 마음을 가졌습니다. 눈물이 나왔지만, 꾹 참았어요. 그리고 아버지의 손을 꼭 잡아주며 다짐했습니다.

"아빠, 내가 앞으로 돈 때문에 아빠가 눈물 흘리지 않도록 할 거예요."

05. 실패에서 배운다

"지난 대회에서 우승했으니까 이번엔 적어도 5등 안에는 들 거야."

중학교 3학년 때인 1992년 박세리는 프로대회인 라일앤스코트오픈대회에서 우승한 여세를 몰아 서울여자오픈에도 도전했습니다. 오픈대회는 프로와 아마추어가 모두 참가할 수 있는 대회를 말합니다. 아무래도 직업선수인 프로선수들의 실력이 아마추어 선수보다 훨씬 낫지요. 하지만 박세리는 자신감이 있었습니다. 어쩌면 그 자신감이 너무 지나쳤던 것이 문제였을지 모릅니다.

박세리는 컷탈락을 당했습니다. 컷탈락이란 경기에서 절반 정도의 선수를 중간에 탈락시키는 거예요. 컷통과한 선수들만 다음 단계의 경기를 치르게 되지요. 언론에서 '최고의 유망주'라고 소개했던 박세리가 컷탈락을 당하자 '아직 어린 박세리'라고 깎아 내렸습니다.

박세리도 기분이 안 좋았지만 아버지의 실망도 컸습니다. 박세리는 숙소로 돌아가 짐을 쌌습니다. 보통은 경비를 아끼기 위해 경기가 끝나면 서둘러 집으로 돌아갔거든요.

그러나 아버지는 집으로 가지 않았습니다. 숙소에서 하루를 더 자고 다음날 아침 일찍 박세리를 대회장으로 데리고 갔습니다.

"세리야, 저 선수들을 보고 배워라."

아버지는 컷통과 한 선수들을 가리키며 말했습니다.

"너보다 좋은 성적을 낸 선수들이다. 보고 배워라."

"아빠, 저 선수는 평소에 나보다 못해요. 이번엔 내가 운이 나빠서 떨어진 거예요."

박세리는 볼멘소리를 냈어요.

"그래도 이번엔 저 선수가 너보다 좋은 성적을 냈지 않니? 분명 너도 보고 배울 게 있을 거다."

아버지는 단호하게 말했습니다.

선수들은 경기 도중 탈락하고도 대회가 열리고 있는 골프장에 남아 있는 것을 아주 싫어합니다. 박세리도 무척 기분이 나빴어요. 자기보다 못한 선수가 우승경쟁을 하고 있는 모습을 보고 싶지 않았습니다.

그런데 아버지는 사정을 봐주지 않았어요. 패배의 아픔을 마음에 새

기라고 했어요. 그것도 가장 성적이 나쁜 최하위 조를 따라다니게 했습니다. 그 선수들도 박세리보다는 성적이 좋았습니다. 아버지는 박세리에게 치욕을 안겨주고 자극을 주려고 했습니다.

"치욕을 잊으면 안 돼."

아버지의 말은 박세리의 가슴에 큰 아픔을 주었습니다. 박세리는 다시는 이런 일을 당하지 않겠다고 다짐했습니다. 하지만 늘 우승만 할 수 있는 것은 아니었습니다.

2년 후, 고등학교 2학년 때 박세리는 톰보이 여자오픈에서 다시 컷탈락이 됐습니다. 그날 밤 박세리는 밤새 퍼트 연습을 하고, 다음 날 경기장을 돌면서 다른 선수의 기술을 배우려고 했습니다.

박세리는 패배를 통해 배우고 더 멀리 나갈 수 있는 힘을 얻으려고 했습니다. 그래서 박세리는 성적이 나쁠수록 오히려 더 도약했습니다. 마치 꾹 누른 스프링이 더 높이 뛰어 오르는 것처럼 말예요. 운동을 하든 공부를 하든 누구나 실수를 할 수는 있어요. 훌륭한 사람들은 자신이 저지른 실수를 통해 배우고 다시는 그런 실수를 하지 않게 자신을 단련합니다. '실패는 성공의 어머니'라는 말, 알고 있지요?

실패를 해보지 않은 사람은 한 번 실수를 하면 그 고통을 감당하지 못하는 경우도 많아요. 그래서 어릴 때 실수를 해보는 것도 좋은 경험이

중학생 박세리. 육상으로 다져진 박세리는 또래에 비해서 덩치가 컸다.
(사진 민수용)

된답니다.

고등학교 3학년 때 박세리는 국가대표로 일본에서 열린 국제대회에 나갔습니다. 첫날 1등을 하다가 둘째 날 성적이 나빠 역전패했습니다. 박세리는 억울해서 잠이 오지 않았어요. 박세리는 한밤중 호텔 복도로 나와 퍼트 연습을 했습니다. 지나가던 다른 친구들이 보고 처음엔 웃었어요. 그러나 박세리는 창피하지 않았어요. 퍼트를 잘못해서 역전패했으니 퍼트 연습을 해야 한다고 생각했습니다. 다른 선수들이 이 모습을 보고 "와, 세리 독하다"라고 쑤군거렸습니다. 그렇게 한참 연습을 하다가 주위를 돌아보았는데, 어느새 다른 친구들도 나와서 퍼트 연습을 하고 있었답니다.

박세리는 골프클럽을 유난히 아끼는 선수였습니다.

어느 날 빗속에서 연습을 했어요. 다른 선수들은 비가 오면 연습을 하지 않았지만 박세리는 나쁜 날씨에서도 연습을 해야 한다고 생각했습니다. 빗속에 찬바람도 쌩쌩 불었습니다. 들판에서 오들오들 떨며 연습을 한 박세리는 집에 돌아오자마자 스르르 잠이 들었어요.

아침에 일어나 보니 방 안에 골프클럽이 예쁘게 정돈되어 있었습니다. 아버지가 깨끗이 닦아 말려두셨다고 합니다.

"군인에게 총이 생명이듯, 골프클럽은 너의 생명이다."

박세리는 그날부터 매일 골프클럽을 깨끗이 닦아 방에 들여놓고 자는 습관이 생겼습니다. 골프클럽이 보이지 않으면 마음이 불안할 정도였어요.

박세리는 연습하다 식사를 할 때에도 골프클럽과 멀리 떨어져 있지 않았습니다. 혹시 사라질지도 모르기 때문이었지요. 그만큼 골프클럽을 사랑했답니다.

06. 한국 무대를 평정하다

고등학교 3학년 때, 박세리는 본격적으로 실력을 발휘하기 시작했어요. 박세리는 이 해에 일곱 번이나 우승했답니다. 성인들이 나가는 프로 대회에서 네 번, 아마추어 대회에서 세 번 우승했어요. 말 그대로 나갔다 하면 우승이었지요. 이제 다른 선수들이 박세리 선수를 무서워했습니다.

"박세리가 언제 쫓아올지 모르니까 처음서부터 스코어를 벌려놔야 돼."

박세리가 선두권에 있지 않아도 다른 선수들은 두려워했습니다. 선수들은 잘 쳐야 한다는 압박감 때문에 실수를 했습니다. 그러다 보면 점수는 어느새 좁혀졌고, 다른 선수들이 불안해하는 틈을 노려서 박세리

3장 어려움을 이겨낸 한국 최고 골프선수 · **77**

1996년 프로가 되어 국내 투어에서 활약한 박세리 (사진 민수용)

는 역전에 성공했습니다.

'골프황제' 타이거 우즈도 전성기 시절에 그랬습니다. 우즈는 다른 선수들이 지레 겁을 먹고 실수를 하게 해서 무너트리는 힘이 있었어요. 우즈는 수많은 대회에서 우승을 차지했습니다. 고등학생인 세리도 프로선수 언니들을 벌벌 떨게 했어요. 그해 세리는 한국 골퍼 중 최고 선수인 MVP로 뽑혔습니다.

박세리는 고등학교를 졸업하고 1996년 4월 프로가 됐습니다. 가족은 성남에 있는 좋은 아파트로 이사했어요.

또 우리나라에서 가장 큰 회사인 삼성에서 박세리를 지원하기로 했습니다. 박세리가 삼성 모자를 쓰고 세계무대에 나가서 활약하면 회사의 이미지도 좋아지기 때문입니다. 그동안 경제적 어려움 때문에 고생한 박세리의 집안은 이제 숨통이 트였어요. 하지만 박세리는 미국 무대에도 도전하고 싶은 꿈을 품었습니다.

자, 이제 경제적인 어려움도 해결되고, 프로선수도 되었으니 박세리는 여유로워졌을까요? 아닙니다. 훈련은 더욱 강해졌어요.

박세리는 프로선수가 된 첫해에는 생각만큼 실력을 발휘하지 못했습니다. 아마추어 때에도 프로대회를 휩쓸었기에 더 잘할 줄 알았지만 2등만 내리 세 번 차지했어요. '2등 징크스'라는 말까지 돌았답니다.

프로선수들은 박세리를 은근히 얕잡아 말하기까지 했습니다.

"박세리는 아마추어 때도 프로대회에서 많이 우승했지만 프로선수와 아마추어선수는 달라. 아마추어선수는 돈을 받지 않기 때문에 프로대회에 나와도 전혀 부담이 없어. 그런데 정말 프로선수가 되면 한 타 한

타에 돈이 걸려 있기 때문에 덜덜 떨려서 성적을 내기가 어렵지. 박세리는 프로선수가 되어서는 우승하기가 어려워."

박세리는 봄, 여름 내내 우승을 못했어요. 마음이 바짝바짝 탔습니다.

드디어, 8월, 박세리는 동일레나운클래식에서 첫 우승을 차지했습니다. 여러분 '파죽지세'라는 말 들어 보았나요? 박세리는 대나무를 한꺼번에 쪼개는 기세로 네 개 대회를 연속해서 우승했어요. 사람들은 고등학교를 갓 졸업한 박세리에게 '슈퍼소녀'라고 별명을 붙여주었답니다.

그해 가을엔 삼성월드챔피언십이 열렸습니다. 미국에서 유명한 선수들이 참가했지요. 그중에는 세계랭킹 1위의 '골프의 전설' 아니카 소렌스탐도 있었어요. 박세리는 이 대회에서 3위를 차지했어요. 사람들은 세계 최고의 선수들이 참가한 대회에서 3등을 한 것은 대단한 일이라고 했습니다.

하지만 박세리는 펑펑 울었답니다. 아무리 유명한 선수가 오더라도 꼭 우승을 하고 싶었거든요. 기자회견을 할 때에도 박세리는 눈물을 감추지 못했습니다.

"세리야, 세계적인 선수가 될 사람이 눈물을 보여서야 되겠니."

이 말을 듣고 박세리는 눈물을 멈췄습니다. 그리고는 반드시 전 세계 사람들에게 인정받는 선수가 되겠다고 다짐했습니다. 그날 박세리는 미국에서 열린 골프대회에서 1등하는 꿈을 꾸었습니다.

프로 첫해 박세리는 열한 개 대회에 출전해 우승 4회, 준우승 5회의 기록을 남겼습니다. 그래서 상금 2억1800만 원을 받아 국내 여자골프 사상 처음으로 시즌 상금 2억 원을 돌파한 선수가 되었습니다. 골프뿐만이 아니라 그해 우리나라 프로선수 중 가장 많은 돈을 번 선수가 되었답니다.

요즘 프로선수들은 한 해에 수십억 원을 벌기도 하지만 당시에는 1억 원도 굉장히 큰돈이었습니다. 19살 박세리는 전설 같은 프로선수들보다도 훨씬 더 벌었다고 합니다. 삼성이 주는 지원금과 우승 보너스를 합치면 더욱 큰돈이 되었습니다. 딱 1년 전만 해도 돈이 없어 우승턱도 못 냈던 일들이 순식간에 사라졌습니다. 이렇게 박세리는 어렵게 고생하던 아버지의 한을 풀어드리겠다는 약속을 지켰습니다.

한 해 동안 놀라운 활약을 보여준 박세리는 연말에 미국 무대 진출을 선언했습니다. 삼성은 뛰어난 활약을 펼친 박세리와 더 좋은 조건으로 계약에 나섰습니다. 연봉 1억 원, 계약금 8억 원에 10년 장기 계약을 맺었습니다. 미국에서 필요한 돈도 다 지원해주기로 했답니다. 이제 미국 무대를 정복할 준비가 다 된 거예요.

4장

성공한 개척자

이. 올랜도 캠프

박세리는 한국 최고의 골프선수가 됐습니다. 아직 스무 살도 안 된 나이였지요. 박세리는 후원해주는 삼성과 함께 골프 최고의 무대 LPGA 투어를 정복할 계획을 세웠습니다. 장기적으로는 세계 골프 명예의 전당에 이름을 올리는 것을 목표로 삼았어요. 박세리는 이전에도 연습벌레였지만, 더 열심히 노력하겠다고 다짐했습니다.

"기다려라! 아니카 소렌스탐, 로라 데이비스, 카리 웹!"

힘들 때마다 박세리는 한국 초청대회에서 만났던 LPGA 최고 선수들을 생각했습니다.

1997년 1월, 박세리는 미국 플로리다 주 올랜도에 훈련 캠프를 차렸습니다. 유명한 디즈니월드가 있는 곳이지요. 미국 남쪽이라 날씨가 따뜻해서 겨울에도 쾌적하게 연습할 수 있고, 좋은 골프장들과 유명한 골프 코치들도 많이 있었습니다. 후원사 삼성에서는 그중 한 명을 박세리를 위한 최고 골프 코치로 데이비드 레드베터를 섭외했습니다.

플로리다 주는 골프 관련 단체도 많이 있습니다. 남자프로골프 투어를 주관하는 PGA 투어와 여자골프투어를 운영하는 LPGA 투어가 올랜도 인근에 있었어요. 골프 명예의 전당도 플로리다 주에 있답니다.

박세리는 한국 여자골프의 개척자였습니다. 박세리가 올랜도에 자리를 잡자 나중에 미국 투어에 나선 선수들도 모두 올랜도로 따라왔습니다. 올랜도는 LPGA 투어 정복을 바라는 한국 선수들의 베이스캠프가 됐답니다.

올랜도의 하루 일과는 오전 6시에 시작했습니다. 요가로 몸을 풀고 아침을 먹고, 골프장으로 가서 헬스와 러닝을 했어요. 레드베터 코치는 골프장에 박세리만을 위한 전용 골프 타석을 만들어줬습니다. 오전엔 혼자 연습을 하고 오후부터는 레드베터 코치가 골프 스윙을 훈련시켰습니다.

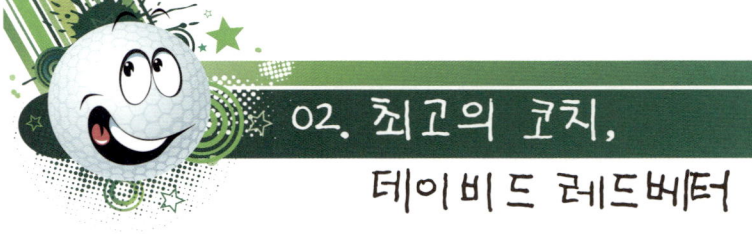

02. 최고의 코치, 데이비드 레드베터

레드베터는 특이한 사람입니다. 영국에서 태어났는데 어려서 천식을 앓았어요. 공기가 나쁘면 기침을 많이 했기 때문에 그의 아버지는 아들을 위해 남아프리카공화국으로 이사를 갔어요. 다행히 레드베터는 건강해졌습니다. 그렇다고 축구처럼 막 뛰어다녀야 하는 격한 운동을 할 정도는 아니라 달리지 않아도 되는 골프를 했답니다.

레드베터는 연구하는 걸 좋아했어요. 골프 스윙에 관한 책들을 항상 들고 다녔습니다. 캄캄한 방에서 골프클럽에 등을 붙여 놓고 움직임을 촬영하는 실험도 하면서 완벽한 스윙을 하고 싶어 했어요.

레드베터는 훌륭한 골프선수가 되지는 못했지만 대신 다른 사람을 가르쳤습니다. 그는 제자를 남자 세계랭킹 1위로 키워내 최고의 골프코치로 인정받고 있었습니다.

"박세리 선수가 얼마나 뛰어난 자질이 있는지 내 눈으로 보고 결정하 겠습니다."

처음에 레드베터는 박세리를 제자로 받아들이지 않았어요. 실력을 테 스트해보겠다고 했습니다. 박세리는 아주 긴장을 많이 했어요. 아버지 한테서 레슨 받다가 낯선 외국인 앞에서 샷을 하려니 너무 어색했거든 요. 천하의 박세리도 공을 똑바로 치지 못했답니다.

레드베터는 박세리의 겨드랑이에 헤드커버를 끼워주고는 헤드커버가 떨어지지 않게 스윙하라고 했어요. 그 상태로 계속 스윙을 해보니 처음 에는 낯설었는데, 점점 공이 똑바로 갔어요. 레드베터는 또 양쪽 허벅 지에 농구공을 끼고 치라고 했어요. 이것도 처음에는 아주 이상했는데 신기하게도 공이 점점 똑바로 날아가게 됐답니다.

레드베터가 가르쳐준 방법은 낯설고 불편했지만, 효과가 있었습니다. 과학적으로 검증된 스윙을 가르쳤기 때문입니다.

'체계적인 레슨이란 것이 이런 거구나!'

박세리는 새로운 연습방법을 경험하면서 놀랐습니다. 물론 박세리의 아버지도 훌륭한 골프 선생님이었어요. 이론과 실기 모두 박사급의 실 력이었지요. 하지만 박세리는 세계 최고의 코치에게서 배우는 것이 낫 다고 판단했습니다. 한 단계 더 올라가려면 변화가 필요하다고 생각했습니다.

레드베터는 콧대 높은 골프 코치였습니다. 그는 남자선수가 여자선수보다 상금을 더 많이 받고, 더 쉽게 유명해질 수 있기 때문에 남자선수만 가르쳤습니다. 그랬던 레드베터가 처음으로 여자선수인 박세리를 가르치기로 했답니다.

박세리는 훈련을 받을수록 한국에 있는 또래 선수들이 자꾸 안타깝게 느껴졌습니다. 골프에 대한 열정과 노력을 쏟는 많은 선수들이 주먹구구식으로 골프를 배우고 있는 경우가 많았거든요. 박세리는 나중에 선수생활을 그만두면 후배들을 체계적으로 가르쳐보고 싶다고 마음먹었습니다.

03. Q스쿨 수석 통과

　박세리가 세계적인 선수가 되려면 아직 더 배워야 할 것들이 있었습니다. 어릴 때부터 아파트 계단 오르내리기와 러닝을 통해 하체 힘을 길렀기 때문에 미국에서도 공을 멀리 칠 수 있는 자신은 있었어요. 하지만 골프는 멀리 치기가 아니라 짧은 횟수로 공을 홀에 넣는 능력도 아주 중요합니다. 즉 그린 주위 홀과 가까운 곳에서 짧은 샷을 하거나 퍼트를 잘해야 합니다. 최고 선수 중에서 공을 멀리 치지 못하는 선수는 더러 있어도, 쇼트게임을 못하는 선수는 없었습니다. 전문가들은 쇼트게임이 더 중요하다고 강조하기도 합니다.

　미국 선수들은 전반적으로 쇼트게임을 잘했습니다. 골프장이 많고, 저렴한 비용으로 이용할 수 있어서 어릴 때부터 잔디에 적응되어 있었기 때문이지요. 하지만 우리나라는 골프장이 적고, 비용도 비싸서 이용하기가 어려웠습니다.

박세리도 그린에서의 경험이 부족했습니다. 그래서 레드베터에게 그린 위 쇼트게임에 대해서도 중점적으로 배웠습니다.

미국은 땅이 넓어 지역마다 종류가 다양한 잔디가 있습니다. 미국 무대에서 뛰려면 모든 잔디에 적응을 해야 했습니다. 박세리는 잔디의 특성을 공부하고 연구했어요. 그리고 끊임없이 연습했어요.

이뿐만이 아니었습니다. 박세리는 미국식 예절도 배웠습니다. 다른 나라에서 경기를 하려면 그 나라의 문화를 알아야 합니다. 예절을 잘 지키지 않으면 동료들은 물론, 팬들도 좋아하지 않거든요. 박세리는 밤에는 마인드컨트롤을 하며 어떠한 상황에서도 흔들리지 않을 마음의 기술도 익혔답니다.

박세리는 미국에 간 첫 해인 1997년엔 레드베터 캠프에서 훈련하면서 LPGA 투어 진출 준비를 했습니다. 문제는 Q스쿨이었습니다. LPGA에 가려면 Q스쿨이라는 중요한 관문을 넘어야 투어 출전권을 얻을 수 있었습니다. '스쿨'이라는 이름이 붙은 이유는 학교처럼 합격자에게 골프규칙 등의 교육을 하기 때문이에요.

"스쿨이란 단어 때문에 말은 낭만적일지 몰라도, 천당과 지옥으로 길이 나뉘는 무시무시한 시험이구나."

선수들은 Q스쿨을 굉장히 부담스러워했습니다. 합격하면 LPGA 투어에서 많은 상금을 받으며 스타로 자리 잡을 수 있지만, 탈락하면 직업이 없어지고 마니까요. 박세리는 Q스쿨을 1등으로 통과했습니다. 드디어 1998년 LPGA 투어 출전권을 확보했습니다.

박세리는 제프 케이블이라는 2미터나 되는 덩치 큰 캐디도 구했습니다. 나무처럼 크다 해서 별명이 트리(tree)였습니다. 박세리는 커다란 '나무'의 도움을 받으며 LPGA 투어로 진군할 준비를 마쳤습니다.

04. 개척자의 운명

1998년. 드디어 박세리는 LPGA 투어에 데뷔했습니다. 청운의 꿈을 안고 나선 첫 대회였지만 나름대로 13위라는 선전을 펼쳤습니다. 이 정도로 성공적인 적응을 마치고는 다음 대회에서 10위 이내 입상을 노렸습니다. 하지만 45위에 그치고 말았습니다. 열심히 준비하고 나간 세 번째 대회에서는 컷탈락을 당했습니다. 국내에 있을 땐 대회에 나갔다 하면 우승 혹은 준우승만 했는데, 역시 미국 무대는 수준이 달랐습니다.

"내가 컷탈락을 하다니……."

컷탈락을 해본 적이 거의 없었던 박세리에게는 충격적인 사건이었습니다.

박세리는 개척자였습니다. 그 때문에 많은 시행착오를 겪고 스스로 헤쳐 나가야 했습니다. 당시 LPGA 투어에는 우리나라 선수가 없었습니다. 만일 누군가 경험을 해봤다면 박세리를 안내할 등불이 되어주었을 텐데, 도와줄 사람이 아무도 없었습니다. 박세리는 두렵고 외로웠어요.

낮에는 훈련에 집중하다 보니 외로워할 겨를이 없었지만, 밤이 되면 한국에 있는 가족들이 그리웠어요. 쉽게 잠을 이룰 수가 없었습니다. 그래서 일부러 낮에 훈련을 강도 높게 하기도 했답니다.

낯선 외국 음식을 먹는 것도 지겨웠습니다. 하지만 한국 음식을 만들어 먹지는 않았습니다. 아픈 기억이 있었기 때문이지요.

박세리가 고등학교 2학년 때였습니다. 미국에서 열린 아마추어 대회에 참가했을 때 한국 음식이 먹고 싶었답니다. 하지만 돈도 부족하고 주위에서 한국 음식점을 찾기도 어려웠어요. 그래서 호텔 객실에서 밥과 요리를 만들었습니다.

"앗, 이게 무슨 냄새야! 당신들 호텔에서 나가!"

음식 냄새가 객실 밖으로 퍼졌고, 호텔 관계자가 나타나서 나가라고 말했습니다. 요즘은 많은 나라에서 우리나라 음식을 좋아하지만, 그때만 해도 외국 사람들은 우리나라 음식을 굉장히 낯설어 했고 특히 냄새를 싫어했습니다. 박세리는 한국 음식점을 찾지 못할 때는 더욱 힘들어

4장 성공한 개척자 · **93**

했습니다.

그런데 선수 시절 박세리한테는 '음식 징크스'가 있었답니다. 바로 달걀이에요. 껍질을 깨는 음식을 먹으면 뭔가 좋지 않은 일이 생길지도 모른다는 생각 때문에 피했어요. 박세리가 달걀을 안 먹는다는 걸 알게 된 가족들도 달걀을 먹지 않기 시작했습니다. 운동선수가 있는 집안 가족들은 예민해진답니다. 미역이나 바나나를 먹으면 미끄러진다는 속설 때문에 입에 대지 않는 선수들도 많습니다.

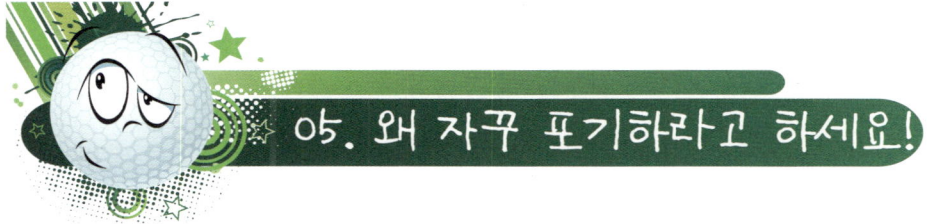

05. 왜 자꾸 포기하라고 하세요!

　시간은 점점 흘러갔습니다. 박세리는 아홉 개 대회를 치렀는데도 한 번도 10등 안에 들지 못했습니다. 불안감은 점점 더 커졌습니다.

　"천하의 박세리도 미국에서는 아직 어렵다."

　우리나라 골프계에서는 이런 평가를 내렸습니다. 한국으로 돌아와야 한다는 사람들도 있었어요. 박세리를 후원하는 삼성도 걱정을 했어요.

　"세리가 너무 어린 나이에 미국에 간 것 같아요. 아직 실력이 완성되지도 않은 나이잖아요. 천천히 다시 준비해도 나쁘지 않을 겁니다."

　후원사 담당자가 박세리의 아버지에게 말했습니다. 이렇게 가다간 자신감이 떨어져 진짜 슬럼프에 빠지면 회복하기 어려우니 국내로 돌아와서 좀 쉬라고 권유한 거예요.

"고려해보겠습니다."

아버지는 박세리에게 전화를 했습니다.

"세리야, 아직 시간이 많다. 골프는 천천히 해도 돼. 잘 안 되면 집에서 낚시나 실컷 하자."

아버지는 박세리를 위로하면서 국내로 돌아오라고 넌지시 권유했습니다.

아버지의 말을 듣는 순간, 박세리는 설움이 복받쳐 올랐어요. 눈물이 마구 쏟아지려고 했습니다. 그러나 꾹 참았어요. 지금 돌아가면 그동안의 노력과 열정이 모두 무용지물이 될지 모른다고 생각했어요.

"아빠, 나 안 돌아갈 거예요. 나 잘할 수 있어요. 믿어주세요."

전화를 끊자마자 눈물이 주르르 흘렀어요. 박세리는 골프클럽을 꼭 붙잡고 절대로 밀리면 안 된다고 다짐했습니다.

미국은 땅이 넓어서 골프대회가 끝나고 다른 대회로 가려면 비행기를 몇 번 갈아타야 할 때도 있습니다. 비행기가 시간대로 움직이면 그나마 다행이에요. 미국에서는 조금이라도 안전에 문제가 있을 것 같으면 비행기가 출발하지 않는답니다.

한국에서는 비행기가 연착하거나 취소되면 승객들이 항의하는데 미국에서는 그렇지 않아요. 안전이 훨씬 더 중요하다고 생각하기 때문이죠. 대신 비행기 연착이 잦아 공항에서 새우잠을 자야 하는 날도 많습니다.

비행기가 연착되어도 몇 년 동안 투어에서 활동한 베테랑 선수라면 큰 상관은 없습니다. 대회가 열리는 골프장을 잘 알기 때문이죠. 경험이 많은 선수들은 골프코스와 그린 상태를 자기 손바닥 보듯 꿰뚫고 있으니까요. 하지만 박세리는 신인이라서 대회가 열리는 골프장을 전혀 몰랐어요. 미리미리 가서 골프장 특성을 파악해야 하는데 일이 잘 풀리지 않았습니다. 노력하는데도 계획대로 일이 풀리지 않을 땐 정말 답답했습니다.

주위의 기대가 큰 것도 부담이었어요. 박세리는 '어차피 나 자신과의 싸움이다' 생각하면서 신경 쓰지 않으려 했는데 그게 쉽나요? 매일매일 라운드를 하고 스코어카드를 낼 때마다 주위 사람들의 얼굴이 눈에 어른거렸습니다.

"나를 위해 고생하신 분들을 위해서 좋은 성적을 내야 하는데……"

아침마다 속으로 되뇌며 골프장으로 나갔어요. 하지만 그런 부담감 때문에 경기가 더 안 풀리곤 했어요. 특히 성적에 매일 노심초사하는 아버지를 비롯한 가족들을 생각하면 커다란 불안감이 밀려왔습니다.

박세리가 치른 첫 메이저대회는 1998년 5월 열린 맥도널드 LPGA 챔피언십이었습니다. 대회를 앞두고 박세리는 아버지에게 전화를 걸었어요. 답답한 마음을 누를 길 없었거든요.

"아빠, 성적이 안 나와서 걱정이 돼요. 어쩌죠?"

"세리야. 그렇게 힘들면 내일 당장이라도 짐을 챙겨서 돌아와라. 아무 부담도 갖지 말고, 넌 아직 어리니까 이다음에 해도 된단다."

아버지는 또다시 집에 와도 된다고 했어요. 그 말을 듣고 나니 오기가 생겼습니다.

박세리는 처음으로 아버지에게 버럭 화를 냈어요.

"그동안 얼마나 고생을 해서 여기까지 왔는데, 왜 자꾸 포기하라고 하세요! 아빠는 우리가 새벽부터 밤늦게까지 훈련한 게 아깝지도 않으세요?"

아버지는 박세리가 이렇게 화를 내는 것을 처음 봤어요. 전화를 끊고 나서 딸이 좋은 성적을 낼 수 있을 것이라는 확신이 들었습니다.

06. 찬스에 강한 선수

단독선두!

맥도널드 LPGA 챔피언십은 미국 델라웨어주 윌밍턴에 있는 듀퐁 골프장에서 열렸습니다. 박세리는 놀랍게도 1라운드에서 65타를 쳤습니다. 이 골프장 기준 타수(71타) 보다 6타가 적은 6언더파였어요. 65타는 박세리가 미국에 와서 기록한 가장 좋은 스코어였습니다. 시즌 내내 부진했던 박세리가 메이저대회에서 좋은 성적을 낸 것은 놀라운 일이었습니다.

'메이저대회'는 '중요한 대회'라는 뜻이고, 이런 대회를 여는 골프장은 코스를 어렵게 만듭니다. 주최 측은 어려운 코스를 많이 만들어야 뛰어난 선수가 우승할 수 있다고 생각하지요. 이런 조건에서 박세리가 평소보다 훨씬 더 뛰어난 능력을 발휘한 거예요. 진짜 중요한 순간에 제 실력을 보여준 겁니다.

슈퍼스타는 뭔가 다르죠. 뛰어난 선수는 평소 큰 활약을 못할 때도 있지만 정말 중요한 때는 슈퍼맨 같은 능력을 발휘합니다. 타이거 우즈도 답답하게 경기하다가도 승부가 걸린 중요한 순간, 꼭 넣어야 하는 퍼트는 반드시 넣었어요. 박세리가 그랬답니다.

마지막 라운드.

박세리는 공동 선두로 출발했어요. 역시 찬스에 강한 박세리는 보기(기준 타수보다 하나 많은 타수로 공을 홀에 넣는 일) 하나도 없이 버디(기준 타수보다 하나 적은 타수로 공을 홀에 집어넣는 일) 3개로 3타 차 우승을 차지했어요. 그야말로 메이저대회에서 완벽한 우승을 차지했습니다. 마지막 퍼트를 할 때는 홀컵 옆에 아버지의 얼굴이 보이는 듯 했어요.

"아빠, 좋죠?"

"그래, 역시 넌 내 딸이다!"

박세리는 첫 LPGA 투어 우승을 메이저대회로 장식했습니다. 박세리의 합계 11언더파 우승도 대회 최저타 신기록이었어요. 골프황제 타이거 우즈보다 한 달 빠른 20세 7개월 20일 만에 우승한 기록이랍니다.

'여자 타이거 우즈'

우리나라뿐 아니라 미국 언론에서도 박세리를 주목하기 시작했습니다. '여자 타이거 우즈'라며 공통점을 들었습니다.

박세리와 타이거 우즈는 데뷔 후 첫 메이저대회에서 최저타 기록을 깨면서 우승했어요. 게다가 두 선수 모두 경쟁자들보다 공을 멀리 쳤습니다. 또 골프의 주류인 백인이 아닌 점도 같았어요. 어린데도 아주 침착했고, 미국 플로리다 주 올랜도에 사는 것도 똑같았어요.

우즈는 박세리의 우승 1년 전인 1997년에 마스터스대회에서 12타 차로 우승하면서 '타이거 우즈 돌풍'을 만들었습니다. 1년이 지나 이번엔 박세리가 주인공이 됐습니다. 박세리는 우즈보다 한 달이 빠른 LPGA 데뷔 7개월 만에 메이저대회에서 우승했습니다.

박세리는 맥도널드 LPGA 챔피언십 우승으로 한숨 돌릴 수 있었습니다. 그러나 이후 또 성적이 좋지 않았어요. 이어 참가했던 네 개 대회에서 가장 좋은 성적이 26등이었습니다. 하지만 이제 서서히 뜨거운 여름이 오고 있었습니다.

5장

미국 LPGA 투어의
챔피언

이. 흥미진진한 US여자오픈

여름은 골프 메이저대회의 계절입니다. 여름은 봄, 가을보다 해가 일찍 뜨고 늦게 지기 때문에 경기가 가능한 시간이 길어요. 그래서 메이저대회는 가능한 많은 선수들이 출전할 수 있도록 봄보다는 여름에 많이 열립니다. 그렇지만 선수들은 뜨거운 태양 아래서 경쟁해야 하기 때문에 힘이 들지요.

US여자오픈은 7월 초에 열립니다. US여자오픈대회 직전 미국의 한 유명한 언론사가 우승 확률이 높은 선수 20명을 발표했습니다. 당시 호주의 '여자 백상어' 카리 웹이 1위, 아니카 소렌스탐이 2위, 박세리는 5위였습니다. 미국 골프기자들은 최근 성적이 좋지 않았지만 큰 대회에서 강한 박세리를 눈여겨보고 있었던 거지요.

큰 대회를 맞아 박세리의 부모님도 비행기를 타고 경기장을 찾아왔어요. 박세리는 마음이 한결 든든했어요.

US여자오픈은 여자 골프대회 중 가장 오래된 대회입니다. 가장 권위가 있고 상금도 가장 많아서 모든 선수가 참가하길 바라는 대회였지요. 그래서 경쟁이 치열합니다. 대회를 여는 사람들은 이런 짓궂은 생각을 했습니다.

"선수들이 버디를 많이 잡는다는 건 우리 자존심이 상하는 일이야."

그래서 골프코스를 아주 어렵게 만들어놨답니다. 티샷이 떨어질 곳의 페어웨이(티 샷 위치에서 그린 사이의 잘 다듬어진 잔디 구역)는 좁게 만들고 나머지는 풀을 길러 놓았습니다. 그곳에 공이 가면 제대로 빠져나오기 힘들게 말이에요. 그린은 시멘트처럼 딱딱하게 만들어서 공이 튕겨 나가 버리게 해서 점수를 내기가 어렵습니다.

하지만 박세리는 어려울수록 더 강한 힘을 내는 선수였습니다. 평범한 대회 내내 성적이 좋지 않더니 큰 대회에서 또다시 불끈 힘을 발휘했어요. 1라운드 2언더파 69타로 공동 3위에 올랐어요. 웬만한 남자 보다 덩치가 좋은 로라 데이비스 등 2명에 단 한 타 차이가 나는 3위였습니다.

박세리는 2라운드에서 1언더파를 쳤어요. 3라운드에는 비바람이 강하게 불었습니다. 기억나죠? 한국에서 박세리 선수가 비바람 속에서도 연습했었던 것 말예요. 박세리는 4타를 잃어 1오버파가 되었습니다. 그래도 악천후에 워낙 코스가 어렵다 보니 다른 선수들이 더 많이 점수를 잃었답니다. 결과적으로 오히려 박세리가 단독 선두로 올라섰습니다.

"박세리는 타이거 우즈의 루키(신인선수를 일컫는 말) 때보다 더 좋은 성적을 낼 겁니다. 이 선수는 큰 대회에서 두각을 나타내는 특이한 선수인데, LPGA에서 가장 완벽한 스윙을 갖춘 골퍼입니다."

미국 방송 해설자는 박세리에게 칭찬을 쏟아냈어요. 로라 데이비스, 도너 앤드루스, 아니카 소렌스탐 등 LPGA 슈퍼스타들도 "박세리를 루키라고 얕보면 안 된다"고 말했어요.

하지만 박세리는 가장 큰 대회 우승 경쟁을 앞두고 마음이 편하지는 않았습니다. 최종라운드가 열리기 전날, 밤새 중압감 속에 뒤척이다가 새벽에야 겨우 잠이 들었습니다.

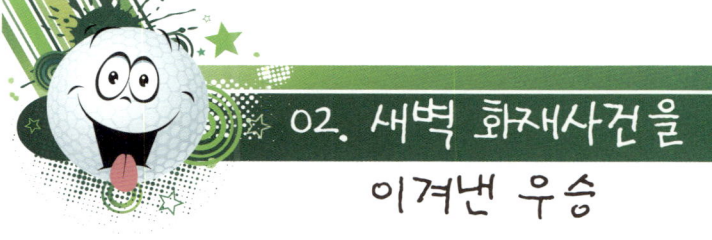

02. 새벽 화재사건을 이겨낸 우승

"불이야, 불이야!"

새벽 4시 30분쯤 박세리가 묵고 있는 골프장 옆 호텔에서 불이 났습니다. 이제 막 잠이 들었던 박세리와 가족들은 속옷 차림으로 대피에 나섰습니다. 다행히 가벼운 화재였지만 박세리는 잠을 못 자고 경기장에 가야 했습니다.

최종 4라운드가 열리는 날에도 바람이 많이 불었습니다. 박세리는 그나마 잘 버텼어요. 16번 홀까지 2타 차 선두였기 때문에 우승이 눈앞에 다가온 것 같았어요. 그러나 박세리는 17번 홀에서 보기를 했어요. 아직은 한 타 차 선두!

그러나 마지막 홀에서 무명인 아마추어 제니 슈아시리폰이 먼 거리

버디 퍼트를 쏙 집어넣었습니다. 안타깝게도 공동 선두가 된 거지요.

박세리는 마지막 홀에서 꼭 버디를 잡아야 우승할 수 있었습니다. 박세리는 아이언샷을 잘 쳐서 홀 근처에 공을 가까이 붙였습니다. 약 2.5미터 버디 기회였습니다. 하지만 야심차게 퍼팅한 공은 홀컵 바로 앞에서 오른쪽으로 휘어지고 말았습니다. 아쉬운 파가 되었습니다.

결국 1998년 US여자오픈은 박세리와 제니 슈아시리폰이라는 두 어린 동양계 선수들이 연장전을 치르게 됐습니다. 박세리는 연장전 초반 5타까지 뒤지기도 했지만 결국 따라잡았고, 20번째 홀에서 우승했습니다. 맨 앞장에 소개한 '맨발의 투혼'으로 말이에요.

박세리는 우승한 다음 인터뷰와 축하행사에 참가했습니다. 행복했지만 녹초가 되었답니다. LPGA 투어 사상 가장 긴 연장전을 치른 탓에 체력이 많이 떨어졌는데, 유난히 축하행사가 많았어요. 때문에 다음 대회인 제이미 파 크로커 클래식에는 참가하지 않으려고 했습니다. 그러자 대회 주최 측은 비상이 걸렸어요. 최고 스타가 된 박세리가 없는 대회는 김이 빠지게 되잖아요.

"자가용 비행기를 보낼 테니 부디 꼭 참석해주십시오."

박세리는 자가용 제트기를 이용해 다음 대회장으로 이동했습니다.

"박 선수가 우승한 연장전까지 치르는 그런 대단한 골프 경기는 내

평생 처음 봤습니다."

　비행기 주인인 회장님이 칭찬했습니다.

　"세리야, 우리 참 출세했다. 그렇지? 시골 촌놈들이 미국의 자가용 제트기를 다 타보고……."

　아버지는 흐뭇한 표정을 지었습니다. 박세리는 쏟아지는 졸음 속에서도 기뻐하시는 아버지를 보고 또다시 행복해졌답니다.

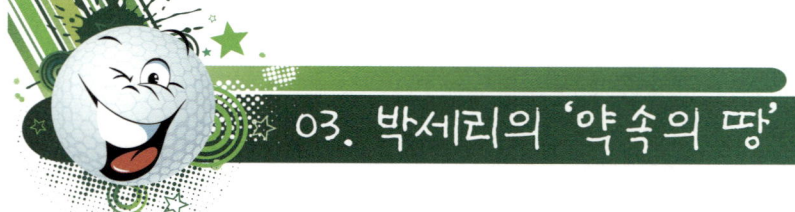

03. 박세리의 '약속의 땅'

　자가용 비행기 말고도 특별대우는 또 있었어요. 고급 승용차들이 공항 활주로에 박세리 일행을 마중 나왔습니다. 박세리는 하루아침에 신데렐라가 된 것이지요.

　사실 박세리에게 제이미 파 크로거 클래식은 썩 마음에 드는 대회는 아니었습니다. 미국에 와서 LPGA 투어를 준비하던 1년 전 이 대회에 나간 적이 있었어요. 주최 측은 박세리가 출전권이 없었지만 특별히 초청을 해줬습니다. 박세리로선 적응훈련으로도 좋으니까 아주 고마웠습니다. 하지만 코스가 박세리 골프 스타일과 잘 맞지 않았어요. 대회장인 하이랜드 메도 골프장은 코스 거리가 짧고, 페어웨이가 좁았습니다. 박세리가 좋아하는 코스는 아니었답니다. 장타를 치는 박세리는 거리

가 길고 페어웨이가 넓어야 유리했거든요. 하이랜드 메도 골프장은 샷 거리가 짧고 정교한 선수들이 좋아하는 코스였던 탓에 박세리는 1년 전에는 컷탈락을 했었답니다.

박세리는 이래저래 조금은 내키지 않은 대회였지만, 그래도 US여자 오픈 우승자니까 한 타 한 타 정성을 다해서 경기를 풀어나갔습니다. 첫날 성적은 그저 중위권에 그쳤습니다. 그러나 2라운드가 되자 몸이 풀리기 시작했습니다. 버디, 버디, 버디…… 연이어 버디를 기록했습니다. 박세리는 2라운드에서 무려 11언더파를 쳤어요. 11언더파는 당시까지 LPGA 투어 한 라운드 최소타 기록이었습니다. US여자오픈 우승에 이어 최소타 기록을 세우니 얼마나 시끄러웠을지 짐작이 되죠?

박세리는 여세를 몰아 3라운드에서도 8언더파를 치면서 선두에 올랐어요. 최종라운드에서도 다섯 타를 줄였지요. 2위와 아홉 타 차가 나는 압승이었습니다. 박세리는 파 기준으로는 23언더파를 쳤어요. 기준보다 23타를 더 줄인 거예요. 23언더파는 최다언더파 타이기록이었어요. 총 타수 261타로 LPGA 72홀 최소타수기록이었답니다. 1년 전의 치욕을 이렇게 통쾌하게 갚을 줄 아무도 몰랐고, 아마 박세리 자신도 몰랐을 겁니다.

한번 확실하게 정복했기 때문일까요? 박세리는 이후 이 대회에서만 다섯 번이나 우승합니다. 2001년 무려 여섯 명이 출전한 연장전에서도 승리합니다. LPGA 투어에서 한 대회에서 다섯 번 우승한 선수는 네 명뿐입니다. 박세리가 LPGA 투어에서 거둔 25승 중 20퍼센트인 5승을 바로 이 대회에서 했습니다. 정말 대단한 행운의 대회죠?

대회가 열리는 미국 오하이오 주 톨리도 시는 골프장 앞 도로 이름을 매년 이 대회 우승자의 이름을 따서 붙입니다. 박세리의 우승 덕분에 이 도로는 5년 동안 '박세리 길'로 불리게 됐답니다.

"박세리가 '약속의 땅' 대회에 나간다."

워낙 좋은 성적을 냈기에 박세리가 이 대회에 나갈 때마다 언론은 이렇게 보도했어요. 박세리가 이 대회에 처음 출전해 컷탈락했던 것 기억나지요? 이 골프장과 박세리의 골프 스타일이 맞지 않는다고 했었지요? 박세리는 긍정적인 생각으로 이런 나쁜 조건을 바꿔 오히려 자신만의 '약속의 땅'으로 만들었습니다.

04. 박세리 신드롬

　놀라운 일은 또 일어났습니다. 2주 후, 박세리는 자이언트 이글 클래식에서 우승을 차지했습니다. 박세리는 US여자오픈부터 자이언트 이글 클래식까지 1998년 7월 열린 LPGA 네 개 대회에 참가해서 세 번 우승했습니다. 한국 골프역사에서 가장 뜨거운 여름이었습니다. 만약 박세리가 US여자오픈에서 우승하고 난 이후 기록이 미미했다면 '맨발의 투혼' 열풍도 오래 가지 않았을지도 몰라요. 그러나 박세리는 7월 내내 계속 뜨거운 샷을 날렸고, 박세리에 대한 관심은 끊이지 않았습니다.

　박세리는 1998년 모두 4승을 거두고 한국에 돌아왔습니다. 환영 열기는 말로 설명하기가 어려울 정도였어요. 여기저기서 박세리를 초청하고 사람들이 몰려왔습니다. 그야말로 난리가 났답니다!

1999년에도 박세리의 활약은 계속됐어요. 전 년처럼 네 번의 우승을 차지했어요. 1999년 겨울은 더 시끄러웠지요. 1999년에서 2000년으로 바뀌는, 이른바 밀레니엄 시대라며 분위기가 더욱 들떠 있었습니다. 여러 방송사에서 박세리에게 출연해달라고 요청을 했습니다. 또다시 거절하기가 어려워 많은 곳을 가야 했습니다.

그러다 보니 겨울 훈련이 부족해 졌습니다. 그 때문에 2000년 성적이 좋지 않았어요. 첫 대회에서는 실수로 실격되는 창피한 일도 있었답니다. 결국 그해에는 한 번도 우승을 못했습니다.

LPGA 투어 두모리에 클래식에서 경기 중인 박세리 (사진 민수용)

5장 미국 LPGA 투어의 챔피언 · 115

"다시 마음을 다잡자. 교만하면 바로 추락하는 것이 골프란 걸 잊지 말자."

2001년 박세리는 다시 일어섰습니다. 아니 펄쩍 뛰어 올랐지요. 무려 5승을 거두면서 자신의 한 시즌 최다승을 기록했습니다. 메이저대회인 브리티시여자오픈에서도 우승했습니다.

2002년에는 어땠을까요? 똑같이 5승을 거뒀답니다. 메이저대회에서 처음으로 우승했던 맥도널드 LPGA 챔피언십을 다시 제패하면서 최연소(24세) 메이저 4승 기록을 세웁니다. 우리나라 제주도에서 열린 나인브릿지 클래식에서도 우승을 차지했지요. 미국 진출 후 처음으로 박세리는 한국 팬들 앞에서 우승을 하는 영광을 안게 됩니다.

박세리의 놀라운 활약은 우리나라 여자골프계에 신드롬을 일으켰어요. 박세리의 영향을 받아 많은 선수들이 미국 LPGA 투어에 도전하기 시작합니다. 박세리의 라이벌이었던 김미현이 1999년 미국 LPGA 투어에서 2승을 하고 신인왕이 됐습니다. 박지은, 장정, 박희정 등도 속속 LPGA 투어에 도전장을 던졌습니다. 이제 LPGA 투어에 한국 선수는 박세리 혼자가 아니었습니다.

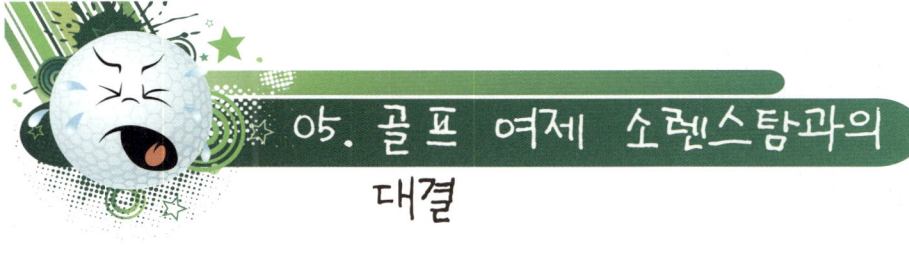

05. 골프 여제 소렌스탐과의 대결

박세리는 2003년에도 3승을 거두며 꾸준하게 좋은 성적을 냈습니다. 그러나 세계 랭킹 1위는 되지 못합니다. '골프 여제' 아니카 소렌스탐 때문이었습니다. '여제'는 '여자황제'라는 말이에요. 그냥 왕이 아니라 훨씬 더 위대한 왕이라는 뜻입니다. 남자 골프 황제 타이거 우즈에 필적하는 선수가 바로 소렌스탐이었습니다.

운동선수는 같은 시대에 어떤 선수와 함께 경쟁하느냐가 굉장히 중요해요. 자신이 잘해도 실력이 더 좋은 선수가 있으면 1등을 하기가 어렵거든요. 그런 점에서 역사상 최고의 골프선수인 소렌스탐과 같은 시대에 경쟁한 박세리는 상당히 불운한 선수라고도 할 수 있어요. 전성기 소렌스탐의 기록을 따라갈 선수는 그 전에도 없었고, 앞으로도 나오기

아니카 소렌스탐(오른쪽에서 두 번째)와 동반 경기를 하고 있는 박세리. 뒤에는 '나무'라는 별명으로 불렸던 2미터 키의 박세리 캐디 (사진 민수용)

가 쉽지 않기 때문이지요.

소렌스탐은 완벽한 선수였습니다. 드라이브샷을 가장 멀리 쳤고, 아이언샷이 가장 정확했고, 퍼트도 정상급이었어요. 골프에서 이 3박자를 모두 갖춘 선수는 찾아보기가 힘들었는데, 소렌스탐만은 예외였답니다. 박세리는 소렌스탐을 이기기 위해 노력을 다했지만 뛰어넘을 수가 없어 오히려 슬럼프에 빠지기도 했어요.

소렌스탐은 1970년생으로 박세리보다 일곱 살이 많습니다. 스웨덴에서 태어났는데 어릴 때 테니스, 스키, 축구를 잘하는 만능 스포츠우먼

이었어요. 그런데 수줍음이 많았어요. 주니어 골프 대회에서 우승을 할 것 같으면 마지막 홀에서 일부러 실수를 했는데, 시상식에 참여하고 인터뷰를 하는 것이 두려워서 그랬대요. 이 사실을 눈치 챈 코치는 그다음부터 우승자는 물론 준우승자도 인터뷰를 하게 해달라고 요청했답니다. 그러자 소렌스탐은 어차피 인터뷰를 해야 한다면 우승하는 게 낫다고 생각해서 고의로 실수를 하지 않았다고 해요.

소렌스탐은 우리나라 선수들처럼 어린 시절에 운동에만 전념하지 않았어요. 공부를 한 다음 남은 시간에 운동을 했어요. 그 때문에 처음부터 두각을 나타내지는 못하다가 서서히 실력을 발휘해서 대학을 마친 스물다섯 살이 되어서야 첫 LPGA 투어 우승을 차지했습니다. 박세리가 스물한 살에 첫 우승을 차지했으니 4년이 늦었던 것인데, 그래도 소렌스탐은 30대 중반까지 꾸준히 선수로 활약했습니다.

박세리는 루키였던 1998년부터 소렌스탐과 경쟁을 했어요. 메이저대회 2연승 및 4승을 하면서 시즌 중반 소렌스탐을 넘어 상금과 '올해의 선수상' 부문에서 랭킹 1위에 올랐답니다. '여자 타이거 우즈'라는 소리를 들으면서 말이죠. 하지만 소렌스탐은 후반기에 좋은 성적을 내면서 박세리에게 역전하면서 큰 상을 모두 가져갔어요.

1990년대 말 소렌스탐, 박세리, 카리 웹은 3파전을 벌였습니다. 그러다가 2000년대 들어 소렌스탐은 1인자로 올라섰습니다. 박세리가 2001년 5승을 했는데, 소렌스탐은 무려 8승을 했습니다.

"내년에도 소렌스탐이 8승을 한다면 내 모자를 씹어 먹겠다."

카리 웹이 이렇게 말했어요. 또다시 1년에 8승을 하는 것이 사실상 불가능하다는 말이었죠. 하지만 2002년 소렌스탐은 그보다 3승이 많은 11승을 기록해 웹의 코를 납작하게 했습니다.

2008년 말 은퇴하기 전까지 소렌스탐은 LPGA 투어에서 72승을 거뒀습니다. 메이저대회 10승을 기록하고, '올해의 선수상'은 무려 여덟 차례나 받았어요. 2004년 그가 기록한 평균 타수 68.7은 여자대회에서는 쉽게 깨지지 않을 기록이랍니다.

그런데 소렌스탐이 이렇게 강력해진 이유가 있습니다. LPGA 투어를 평정한 소렌스탐은 2003년에 남자대회에 도전합니다. 남자선수들과 경쟁하기 위해서 체력을 단단하게 다져놓았어요. 비록 남자대회에서는 좋은 성적을 얻지 못했지만, 그만큼 강한 훈련을 했기에 LPGA 투어에서 더욱 강력한 선수가 됐습니다. 또한 남자대회에 도전한 여성으로서의 용기도 인정받았습니다.

"54. 두려움에 맞서자!"

소렌스탐의 모자챙에는 이러한 글귀가 쓰여 있었습니다. 54는 18개 모든 홀에서 버디를 잡으면 나오는 숫자예요. 그러니까 모든 홀에서 버

LPGA 신인이던 1998년 팬들에게 둘러싸여 사인을 해주고 있는 박세리 (사진 민수용)

디를 잡아내겠다는 의지를 나타낸 것이랍니다.

소렌스탐은 박세리가 1998년 기록한 LPGA 최소타 61타를 깼습니다. 또 2001년 스탠다드 레지스터 핑 2라운드에서 13언더파 59타를 쳐서 여자 선수로는 유일하게 60타를 깼답니다.

소렌스탐이 우승한 대회 중 박세리가 2위를 한 대회는 여섯 번이나 됐습니다. 만약 소렌스탐이 없었다면 박세리는 25승이 아니라 31승을 했을지도 모릅니다.

소렌스탐과 박세리와 가장 치열한 경기는 2003년 브리티시여자오픈이 었어요. 끝까지 피 말리는 경쟁을 하다가 박세리가 마지막 홀에서 보기를 범하면서 한 타 차로 소렌스탐이 우승했습니다. 그 때문이었을까요?

박세리는 이 경기 이후 성적이 나빠졌어요. 박세리는 2004년에는 1승에 그쳤습니다. 2005년에 한 번도 우승하지 못했어요. 가장 잘한 성적이 27위일 정도로 심각한 슬럼프를 겪습니다. 목, 어깨, 허리, 손가락 등도 아팠어요. 8월에 열리는 브리티시여자오픈에서는 경기 중에 기권을 하고 말았어요. 이후 남은 대회에도 참가하지 못했답니다. 하지만 슬럼프를 극복하고 2006년과 2007년 한 번씩 우승을 했습니다. 그러나 예전 박세리 같지는 않았습니다. 이후 3년 동안 우승을 하지 못했으니까요.

06. 연장불패 신화

"이번 우승이 새로운 전성기를 이루는 계기가 될 것으로 생각합니다."

박세리는 2010년 벨 마이크로 클래식에서 챔피언이 됐습니다. LPGA 투어 25번째 우승이었습니다. 오랜만의 우승이라 박세리도 굉장히 좋아했고, 새로운 마음을 품었습니다.

그러나 결과적으로 이 대회의 우승은 골프선수 박세리의 마지막 우승이 되었습니다. 이후 어깨 부상으로 대회에 출전하는 횟수가 줄어들었다가 2016년에는 은퇴를 하게 됩니다.

박세리의 마지막 우승은 드라마틱했습니다. 수잔 페테르센, 브리타니

5장 미국 LPGA 투어의 챔피언 · 123

린시컴이라는 젊고 뛰어난 선수와 연장 승부를 겨뤄 이룬 우승입니다. 박세리의 첫 연장전 기억하시죠? US여자오픈에서 20홀 연장전에서 보여주었던 '맨발의 투혼' 말이에요. 박세리는 마지막 우승도 연장전에서 짜릿하게 이겼어요.

박세리는 연장전을 모두 여섯 번 치렀는데 모두 이겼답니다. 연장불패의 신화를 만든 것이지요. 연장전은 정신력이 아주 중요해요.

"연장전은 아주 단순합니다. 연장전 결과는 내가 이기거나 집에 가거나 둘 중 하나예요. 그 생각을 하고 연장전에 임하면 제가 가진 능력을 발휘하게 돼요. 결과에 대해 지나치게 신경 쓰게 되면 집중할 수가 없게 돼요. 필드에 나가서 경기를 즐기고, 최선을 다하려고 하다 보면 이기게 됩니다."

박세리는 평소에도 연장전에 가면 마음이 편안해진다고 말했어요. 다른 선수들은 연장전에 가면 엄청나게 긴장하는데 오히려 연장전을 즐겼습니다. 마지막으로 우승했던 대회의 연장전 세 번째 홀(18번 홀)에서 박세리의 티샷은 오른쪽 벙커에 빠졌어요. 불리한 상황이지만 박세리는 긍정적으로 생각했습니다.

'오른쪽 벙커 쪽에서는 페어웨이보다 그린이 잘 보이고, 벙커에서는 스핀이 더 잘 걸려 공을 세우기가 낫다.'

실제로 공이 벙커에 있으면 불리합니다. 하지만 박세리는 유리하다고 스스로 최면을 걸었어요. 언제 어디서나 자신감과 긍정적인 생각은 굉장히 중요하지요. 어떤 마음가짐을 가지고 있느냐에 따라 우리가 하는 일의 결과가 뒤바뀔 스 있으니까요. 박세리는 벙커에서 핀 옆으로 공을 붙여놓고 버디를 잡고 우승을 확정했습니다.

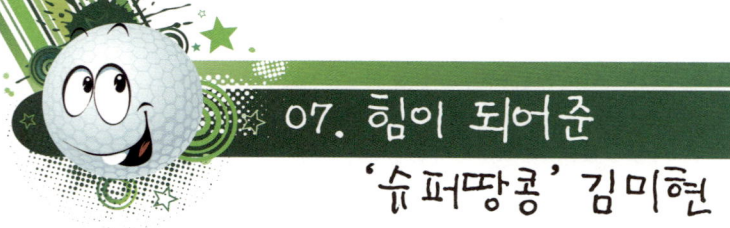

07. 힘이 되어준 '슈퍼땅콩' 김미현

"미현 언니가 해준 닭볶음탕과 꼬리곰탕을 먹고 우승할 수 있었어요. 미현 언니, 고마워."

마지막 우승을 한 대회에서 박세리를 챙겨준 사람은 다름 아닌 김미현 선수였습니다. 두 선수는 중고등학교 시절부터 동료 선수이자 라이벌이었어요. 실은 서로 이겨야 할 경쟁상대였기에 동료라는 느낌보다 라이벌 의식이 훨씬 더 강했습니다. 밥도 같이 안 먹었어요. LPGA 투어를 10년 넘게 함께했지만, 두 선수가 같은 집에 머무른 것은 그때가 처음이었습니다. 같은 집에서 지낸 김미현 선수가 박세리에게 맛있는 음식까지 만들어준 거예요.

10대와 20대 시절에 두 선수는 경쟁심과 승부욕이 강해서 서먹했지만, 서른 살을 넘기고 나서는 마음이 부드러워지면서 서로를 바라볼 수 있는 여유가 생겼습니다. 두 선수는 이 대회에 참가하기 위해 비행기를 탔다가 우연히 옆자리에 앉게 되었어요. 두 사람은 오랜만에 즐거운 대화를 나누었습니다. 결혼 후 아기를 낳은 김미현 선수와 아이를 좋아하는 박세리는 아이에 대한 이야기를 나누며 친해질 수 있었어요.

"아기 얘기, 남편 얘기, 텔레비전 드라마 얘기를 하는데 시간 가는 줄 모르겠더라고요. 그러다가 이번 대회를 치를 때 한 집을 빌려서 같이 지내기로 했는데, 아주 잘한 것 같아요. 결혼을 해서 그런지 언니 음식 솜씨가 굉장히 좋아요."

박세리는 인터뷰에서 김미현 선수에게 고마움을 표했습니다. 결과적으로는 가장 강력한 경쟁자가 차려준 밥을 먹고 마지막 우승을 한 거예요.

치열한 경쟁을 하다 보면 라이벌 선수들 사이가 나빠지기도 합니다. 하지만 시간이 지나고 나면 경쟁자와 오랫동안 승부를 펼쳤던 시간들이 소중하다고 여기게 되죠. 더 이상 경쟁자가 아닌, 서로의 마음을 잘 알고 이해할 수 있는 따뜻한 관계가 되는 거예요.

김미현과 박세리는 1977년에 태어났어요. 하지만 김미현이 1월에 태어나서 박세리보다 1년 먼저 학교를 다니게 됐지요. 그래서 박세리는 김미현에게 언니라고 부른답니다. 박세리의 키가 170㎝인데 김미현은

155㎝입니다. 차이가 많이 났습니다. 키가 작다고 해서 김미현의 별명은 '땅콩'입니다.

키가 작으면 골프공을 멀리 치기가 힘들어요. 농구, 축구, 육상 등 대부분 운동종목은 키도 크고 체격이 좋아야 유리합니다. 김미현은 신체적으로 불리했지만 뛰어난 활약을 펼쳤어요. 강한 의지로 불리한 조건을 이겨낸 거예요. 어느 날 김미현이 경기를 하고 있는데, 배가 바늘에 찔리는 것처럼 아팠어요. 소화제를 먹으며 버티고 경기를 치르고 나서 부랴부랴 병원에 가보았는데, 맹장염이었답니다. 수술을 해야 할 상황

LPGA 한국 1세대 선수들과 박세리. 왼쪽부터 박지은, 박세리, 박희정, 김미현 (사진 민수용)

인데도 참고 버틴 거여요.

골프선수로서의 성적은 박세리가 김미현보다 좋아요. 하지만 김미현의 정신력은 LPGA 투어 사상 최고라는 평가를 받습니다. 김미현은 박세리를 꺾고 반드시 1인자가 되겠다는 의지가 컸습니다. 그래서 초창기 LPGA 투어에 참가한 우리나라 선수 중 박세리 다음으로 뛰어난 기록을 남깁니다.

게다가 김미현은 박세리처럼 든든한 스폰서가 없었어요. 그런 상황에서도 신인으로 우승을 두 번이나 이뤄냈고 그해 신인왕을 차지했답니다. 골프 팬들은 작은 체구로 큰 무대에 도전해 성공한 김미현에게 많은 박수를 보냈습니다. 김미현은 한국에서 15승을 했고 LPGA 투어에서 8승을 한 다음, 2012년 은퇴했답니다.

박세리의 친구들

LPGA 투어에서 박세리는 실력이 좋은 스타였지만, 항상 이방인 이었어요. LPGA 투어는 미국에서 만든 대회고 당연히 미국 선수들이 굉장히 많이 참가하지요. 이들 중에는 우리나라 선수들을 싫어하는 선수들도 제법 있었어요. 왜 한국 선수들이 남의 나라에 와서 운동을 하느냐고 생각했답니다. 그리고 박세리가 잘할수록 자신들이 가져가야 할 상금을 빼앗기는 것 같아 못마땅해 하기도 했어요.

어떤 선수들은 경기 도중 기분 나쁜 말을 해 박세리에게 심적인 부담을 줘서 실력을 발휘할 수 없게 하려고 했습니다. 실력이 뛰어난 우리나라 선수들이 많아지면서 견제는 더욱 심해졌어요. 심지어 우리나라 선수들이 미국에 진출하는 걸 막기 위해 영어시험을 보게 하려고도 했습니다.

하지만 마음이 따뜻한 선수들도 많았어요. 미국의 낸시 로페스와 캐나다의 로리 케인 등이에요. 특히 낸시 로페스는 박세리를 굉장히 아꼈습니다. 박세리에겐 어머니 같은 존재였죠. 로페스는 박세리보다 딱 20년 전인 1978년 신인왕이었어요. LPGA에 오자마자 다섯 개 대회에서 연속 우승을 했어요. 그해 9승을 하고 은퇴할 때까지 총 48승을 했습니다. 박세리보다 두 배 정도 많은 우승을 한 전설적인 선수랍니다. 골프 기자들과 팬들은 로페스가 선수 생활 도중 아이를 낳으려고 쉬지 않았다면 더 많은 우승을 했을 거라고도 했습니다.

이런 훌륭한 선수가 한국에서 온 외톨이 박세리를 챙겨줬습니다. 박세리에겐 천군만마 같은 힘이 됐지요. 박세리는 미국에 오기 전부터 로페스를 좋아했어요.

"세리야, 로페스 같은 선수가 돼라. 로페스 선수는 아이를 키우는 가정주부면서 늘 침착하고 흔들림 없이 경기를 치른다. 그 모습을 지켜보면 마음이 경건해지기까지 한다."

박세리의 아버지는 딸에게 늘 로페스를 이야기해주었어요.

"박세리를 보면 꼭 20년 전 나를 보는 것 같은 느낌이 든다."

로페스도 박세리에게 각별한 애정을 보이며 직접 챙겨주었습니다. 전설적인 선수인 로페스가 박세리를 데리고 다니니까 다른 선수들은 박세리에게 대놓고 텃세를 부리지 못했어요. 로페스는 박세리에게 고마운 선배 선수였습니다. 박세리가 처음으로 우승을 했을 때 로페스는 마치 자기가 우승한 것처럼 박세리를 얼싸안고 기뻐했답니다.

6장

세계 여자골프의
전설이 되다

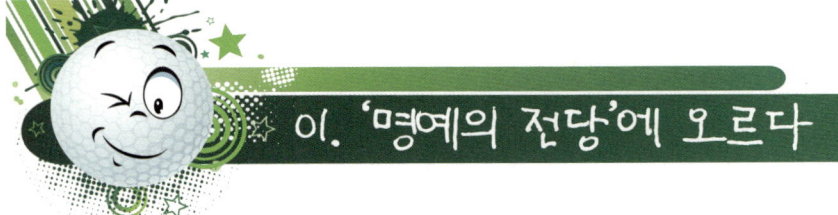

이. '명예의 전당'에 오르다

"와, 드디어, 드디어 해냈어요!"

여러분은 '명예의 전당'이란 말을 들어본 적 있나요? 야구, 농구, 골프 등 인기 있는 스포츠 종목에는 '명예의 전당'이 있답니다. 선수나 관계된 사람들 중에서 뛰어난 활약을 하거나 발전에 큰 도움을 준 사람이 있잖아요. 그런 사람들을 가입시켜 더욱 '명예롭게' 하는 제도예요. '명예의 전당'은 스포츠의 박물관 역할도 하고요, 팬들은 전설적인 선수들의 업적과 물품들을 볼 수 있어요. 앞에서 말했던 것처럼 박세리는 미국에 진출할 때부터 '명예의 전당'에 가입하겠다는 꿈을 갖고 있었습니다.

LPGA 투어 '명예의 전당' 회원이 되는 일은 굉장히 까다롭기로 유명합니다. 미국프로야구 메이저리그는 1년에 네 명 정도, 미국프로농구 NBA도 매년 세 명 정도를 '명예의 전당' 회원으로 받아준답니다. 하지만 LPGA 투어는 66년간 입회한 선수(혹은 관계자)가 겨우 25명이에요. 다른 스포츠는 1년에 세 명이 들어가는데 여자 골프는 3년에 한 명이 들어가니까 아홉 배나 더 어려운 일인 거죠.

LPGA '명예의 전당' 입회가 어려운 이유는 조건을 맞추기가 어렵기 때문이에요. 총 27점을 따야 되는데. 일반 대회 우승은 1점, 메이저대회 우승은 2점, 또 올해의 선수상과 최저타수상을 받으면 1점씩을 줍니다. 그러려면 20승은 넘어야 하는데 경쟁이 심한 LPGA 투어에서 한 선수가 그만큼 우승하기는 쉽지 않잖아요. 박세리처럼 한 해에 5승씩 4년을 해야 '명예의 전당' 점수를 채울 수 있습니다. 거기다 그냥 점수 채우는 게 아니라 메이저대회에서 우승해야 하고 최저타수상이나 '올해의 선수상' 중 하나를 받아야 해요. 이렇게 해서 LPGA 투어에서 선수생활을 최소 10년 이상 해야 합니다. 유명한 선수였던 로레나 오초아는 점수는 채웠지만, 결혼을 한 뒤 선수생활 10년을 채우지 못하고 은퇴를 해서 가입할 수 없었다고 해요.

박세리는 점수는 일찌감치 채워놓고 10년 선수생활을 한 2007년 6월 가입했습니다. 한국은 물론 아시아인으로서도 첫 번째였어요. 골프장

근처에 있는 워싱턴 D.C.의 스미스소니언 박물관에서도 박세리의 '명예의 전당' 입회를 기념해 한국관을 열고 대한민국에 대한 전시회를 열었습니다. 박물관에는 샷을 하는 박세리의 사진이 걸려 있고, 그 옆에 '나는 경기를 할 때 신발과 가방에 태극기를 단다. 나의 조국이 자랑스럽기 때문이다'라는 말이 적혀 있습니다.

요즘은 입회가 더욱 힘들어졌어요. 2007년 박세리 이후 9년이 지난 2016년에야 박인비가 '명예의 전당'에 들어갔어요. 앞으로 또 '명예의 전당' 입회자가 언제 다시 나올지 알 수가 없답니다. 10년이 더 걸릴지도 모른답니다.

박세리의 업적은 '골프 여제' 아니카 소렌스탐의 전성기에 이룬 것이어서 더욱 의미가 있습니다. LPGA 투어 관계자는 명예의 전당 입회를 축하하는 커다란 파티를 열었습니다.

골프에는 '명예의 전당'이 두 군데가 있습니다. 하나는 'LPGA 명예의 전당', 그리고 '세계 골프 명예의 전당'입니다. 박세리는 두 군데 다 들어갔습니다. 박인비는 'LPGA 명예의 전당'에는 가입했지만 '세계 골프 명예의 전당'에는 들어가지 못했어요.

박세리는 스물아홉 살에 '세계 골프 명예의 전당'에 가입했습니다. '명예의 전당' 사상 가장 어린 나이에 입회한 선수였습니다. 그때 이후 박세리 때문에 규정이 바뀌게 되었답니다.

"아직 은퇴도 하지 않은 선수이고, 한참 활약하고 있는 선수가 '명예의 전당'에 가입하는 건 적절하지 않습니다."

가입 규정에 문제를 제기한 사람들의 의견을 받아들여 '명예의 전당' 측은 50세가 되거나 은퇴한 지 5년이 지난 선수만이 가입할 수 있게 됐어요. 박인비는 이 규정을 적용받기 때문에 한참 후에야 가입 심사를 받을 수 있답니다. 또한 이 규정 덕에 박세리의 최연소 '세계 골프 명예의 전당' 입회 기록은 영원히 깨지지 않게 됐지요.

'세계 골프 명예의 전당'은 미국 플로리다 주 북동부에 있습니다. 세계 26개 골프 단체가 모여 만든 이 전당에는 입회자의 출신 국기를 게양합니다. 박세리가 입회한 덕에 태극기도 펄럭이고 있지요. 이곳에는 기념품 2000여 점과 비디오, 사진 등이 있는데, 물론 박세리 물건도 있답니다. 박세리의 베어트로피, 각종 우승컵과 사진, '명예의 전당' 입회를 확정한 우승 볼 등이지요.

"골프의 가장 중요한 개척자 중 한 사람으로 기억될 것."

'명예의 전당'은 박세리에 대해 이렇게 기록을 남겨 두었습니다. LPGA 투어를 점령한 우리나라 선수들에게 영감을 주었다는 이유입니다. 재미있게도 박세리의 영문 성이 PARK이 아니라 PAK이 된 사연도 소개하고 있어요. 박세리가 여권을 만들 때 R자를 빠트렸었는데, 그

때문에 오히려 특이한 성이 되어 이름을 알리는 데 도움이 되었다고
해요.

"팩? 쎄리 팩?"

02. 역사에 남는 인물이 되자

'역사에 남는 인물이 되자'

선수 시절 박세리가 살았던 미국 올랜도 집에 가면 이런 액자가 걸려 있습니다.

박세리는 큰 꿈을 꾸었던 선수예요. "돈을 많이 벌자", "대회에서 우승하자"는 식으로 작은 목표를 세우지 않았던 겁니다. 그런 목표를 가졌다가 돈을 많이 벌게 된다면, 또 대회에서 우승하고 나면 더 이상 열심히 해야 할 이유가 사라집니다. 결국 목표를 잃고 방황하게 되죠. 박세리는 큰 꿈을 꾸어서 결국에는 위대한 선수가 되었답니다.

박세리가 고등학교 2학년 때인 1994년 때였습니다. 그해 여름은 연일

1995년 말 KLPGA 투어 프로 입문 교육을 받고 있는 박세리
(사진 민수용)

기록적인 폭염이 계속됐어요. 섭씨 37도를 넘는 날이 여름 내내 이어졌
어요.

아버지는 가장 더운 한낮에 박세리를 데리고 골프장으로 갔습니다.

"세계적인 선수가 되려면 어떠한 기후조건도 견뎌내야 한다."

아버지는 일부러 가장 조건이 안 좋을 때 딸을 골프장에 데려온 거예요. 한여름 골프장에는 뜨거운 햇볕이 내리쬘 뿐 아니라 땅에서도 열기가 올라와 숨 쉬기조차 힘들었어요. 땀이 계속 흘러내려 눈에 들어가 눈을 뜰 수도 없었어요. 마치 찜질방 불가마 같았지요. 하지만 박세리는 불평하는 말 한 마디 없이 꿋꿋이 견뎌냈어요. 아버지는 딸이 참 대견했습니다.

"세리야, 너 정말 세계적인 선수가 되고 싶은 거구나?"

아버지는 흐뭇하게 웃으며 딸에게 물었습니다.

"아뇨. 역사에 남는 사람이 되고 싶어요."

박세리는 의미심장한 표정을 지으며 대답했습니다. 박세리가 역사에 남는 인물이 된 이유를 알겠지요?

03. LPGA에 등장한 '세리 키즈'

"한국 선수가 미국 무대에서 통하겠어? 1승도 어려운데 메이저대회
는 꿈도 못 꿀 거야."

박세리가 LPGA 투어 데뷔를 앞둔 1997년, 대부분 사람들은 이렇게
말했습니다. 박세리가 미국에 가서도 별로 성공할 가능성이 없다고 생
각한 거죠. 희망보다는 우려가 더 많았습니다.

박세리는 이런 생각들을 깨끗이 씻어냈어요. 불가능의 길은 박세리
덕분에 희망의 길로 바뀌었고요. 박세리가 진출한 이후 '슈퍼땅콩' 김
미현도 체격이 작아도 미국에서 통할 수 있다는 걸 보여주었습니다.
그러자 김미현보다 더 작은 '울트라 땅콩' 장정도 LPGA 투어에 합류했
답니다.

6장 세계 여자골프의 전설이 되다 · **143**

그로부터 계속해서 우리나라 선수들이 LPGA 무대를 점령하고 있습니다. 2015년엔 김효주, 김세영, 장하나가, 2016년엔 전인지가 우승 활약을 펼쳤어요. 2017년엔 박성현이 바로 박세리의 신화가 시작됐던 US여자오픈대회에서 우승을 차지했답니다.

'세리 키즈'라는 말, 들어봤지요? 우리나라뿐 아니라 미국 등 골프를 하는 나라에는 잘 알려진 말이에요. 박세리의 이름에서 '세리'를 따고 아이들을 뜻하는 '키즈(kids)'를 합친 말입니다. 그러니까 '세리의 아이들'이란 말이죠.

1998년 박세리가 US여자오픈에서 우승할 때 충격은 대단했습니다. 어려운 환경을 딛고 큰 성과를 이룬 박세리는 '대한민국 발전'의 상징이 됐으니까요. 마치 임진왜란에서 조국을 지켜낸 이순신 장군 같았습니다.

"박세리 언니가 우승한 다음날, 아빠 손을 잡고 처음으로 골프연습장에 갔습니다."

올림픽에서 금메달을 딴 박인비 선수가 한 말입니다. 당시 박인비처럼 많은 어린이들이, 또 학부모들이 박세리에게서 큰 영향을 받았답니다. 골프는 주로 초등학교 4학년 때 본격적으로 운동을 시작하는데, 박세리가 US오픈에서 우승한 해 초등학교 4학년들이 바로 1988년생이었

144

어요. 그래서 1988년 용띠 중에 뛰어난 선수들이 많이 나왔답니다.

올림픽에서 금메달을 딴 박인비, 세계랭킹 1위를 했던 신지애, 일본 투어 최고 선수로 '보미짱'으로 불리며 엄청난 인기를 얻고 있는 이보미, 세계랭킹 2위까지 올랐던 최나연 등이 1988년생입니다. 이 외에도 김인경, 김하늘, 이일희 등도 88년생 용띠 선수들이지요.

1988년생만이 아니라 이후에 태어난 어린이들 중에도 박세리의 영향 때문에 골프를 시작한 어린이들이 많습니다. 이런 현상은 우리나라뿐만이 아니었습니다.

LPGA 투어 회장은 이렇게 말했습니다.

"박세리는 전 아시아에 영향을 미쳤습니다."

세계랭킹 1위를 한 대만의 청야니와 태국의 아리야 주타누간 등도 박세리 덕에 할 수 있다는 자신감을 가졌답니다. 부모님이 한국 출신인 재미동포 미셸 위, 뉴질랜드동포 리디아 고 등도 박세리에게 영향을 받았어요. 넓게 보면 다들 '세리 키즈'라고 할 수 있답니다.

6장 세계 여자골프의 전설이 되다 · 145

04. 여자골프의 위상을 높이다

'여자골프는 미국이 최고다.'

모두들 그런 고정관념을 갖고 있었지만 박세리가 그 생각을 깼습니다. 박세리 이전에는 세계랭킹 100위 이내 미국선수가 70명에 달하고 나머지는 유럽과 일본 선수들이었습니다. 그러나 박세리가 미국에 진출한 이후 분위기가 확 바뀌었습니다.

2017년 8월 22일 기준으로 세계랭킹 100위 이내에 우리나라 선수가 39명이나 됩니다. 미국선수는 22명, 일본선수는 9명에 불과해요. 세계랭킹 10위 이내 절반이 우리나라 선수랍니다. 세계랭킹 1위를 차지했던 리디아 고 같은 한국계를 포함하면 더 많고요. 세계랭킹 12위 중 7명이 한국 혹은 한국계 선수입니다. 정말 대단하지요?

2016년에 한국 선수들은 LPGA 투어에서 9승을 했습니다. 리디아 고와 호주교포 이민지, 일본교포 노무라 하루코를 포함하면 17승이나 됩니다. 박인비의 올림픽 금메달까지 포함하면 한국은 더 큰 성과를 냈습니다.

박세리 때문에 한국은 여자골프가 남자골프보다 인기가 높습니다. 다른 나라에서는 남자 선수들이 훨씬 인기가 높지요. 축구선수나 야구, 농구, 배구 등 대부분이 다 그렇죠. 잉글랜드 프로축구 프리미어리그에서 뛰는 남자 선수들 연봉이 어마어마하잖아요. 미국에서도 남자 골프선수들이 여자 선수들보다 인기도 훨씬 좋고 돈도 많이 법니다.

하지만 우리나라는 여자선수들의 골프경기에 팬들이 더 많이 찾아오고, 유명한 기업들도 여자선수들을 적극적으로 후원해줍니다. 여자 골프선수들은 어느 정도 실력을 갖추면 돈 걱정 없이 운동할 수 있습니다. 모두 박세리가 닦아 놓은 길인 셈이랍니다.

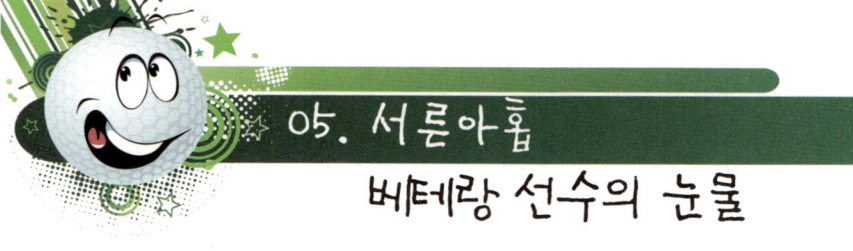

05. 서른아홉
베테랑 선수의 눈물

박세리는 2016년 은퇴하겠다고 발표했습니다.

미국에서의 마지막 무대는 US여자오픈으로 잡았습니다. '맨발의 투혼'으로 자신의 이름을 세상에 알린 바로 그 대회 말이에요. 사실 박세리는 출전권이 없었습니다. 부상 때문에 몇 년간 성적이 좋지 않았거든요. 세계랭킹은 343위까지 떨어진 상태였어요.

그러나 주최 측에서는 여자골프를 아시아에 퍼뜨린 박세리의 공로를 인정해 특별 초청을 했습니다. 미국 내에서 은퇴경기를 만들어준 것입니다.

"엄마, 이 대회는 꼭 우승하고 싶어."

박세리가 처음 이 대회에 출전한 건 1997년이었습니다. 관중도 많고

코스도 멋지기 때문에 처음부터 우승에 탐이 났습니다. 바로 다음해인 1998년 박세리는 그 꿈을 이뤘습니다. 그리고 18년이 지나 은퇴경기를 하게 됩니다.

주최 측은 박세리에게 특별 선물을 마련했습니다. 박세리와 한 조로 경기하는 선수들 자체가 큰 선물이었습니다. 함께 경기한 선수는 최나연과 유소연이었습니다. 대표적인 세리 키즈이면서 박세리처럼 US여자오픈에서 우승한 선수들이기도 했습니다.

박세리는 최나연과 유소연, 또 선수 시절 내내 치열하게 경쟁한 카리웹과 우정의 포옹을 했습니다.

"US여자오픈은 내 골프 인생의 성공이 시작된 곳입니다. 어떤 대회보다 특별한 대회입니다. 미국 본토에서의 마지막 경기를 US여자오픈에서 치를 수 있어 의미 깊었습니다."

경기를 마치고 인터뷰를 하면서 박세리는 눈시울을 붉혔습니다. 스물한 살 앳된 모습으로 우승컵을 들던 어린 선수는 어느덧 서른아홉 살의 원숙한 선수가 됐답니다.

06. 감독이 되어 딴 올림픽 금메달

116년만의 올림픽 여자골프!

2016년 리우올림픽에 여자골프가 정식종목으로 채택됐습니다. 우리나라 대표팀의 감독은 누가 맡았을까요? 당연히 박세리지요!

박세리는 우리나라 골프가 발전하는 데 큰 힘이 되고 싶었습니다. 대한골프협회는 올림픽 남자 감독에 최경주, 여자 감독에 박세리를 뽑았습니다.

우리나라 대표팀 선수들은 화려했어요. 세계랭킹 1위를 했던 박인비와 전인지, 김세영, 양희영이 선발됐습니다. 워낙 잘하는 선수들이 많아서 대표선수로 선발되기도 아주 어려웠답니다. 세계랭킹 8위 이내에 든 선수들만 뽑힌 거예요.

"우리나라 여자골프는 정말 최강국이야. 국가대표 되는 게 금메달 따는 것만큼 어려워."

"실력이 쟁쟁한 선수들만 뽑아놨으니까 이제 금메달을 따놓은 거나 마찬가지야."

골프 팬들은 여자골프 대표팀이 올림픽에서 늘 좋은 성적을 거둔 양궁 대표팀처럼 금메달을 딸 거라고 기대했습니다.

하지만 세계 각국의 최고 선수들이 모인 올림픽에서 금메달을 따는 것은 굉장히 어려운 일입니다. 골프는 컨디션에 따라 큰 영향을 받는 종목이에요. 그런데 에이스(최고 선수)인 박인비가 손가락을 다쳐서 컨디션이 좋지 않았습니다. 박인비는 올림픽에 출전하는 것을 포기할까 고민했습니다. 요즘 인터넷에 올리는 댓글이 무시무시하죠. 박인비는 잘못한 일도 없는데 악성 댓글에 시달렸습니다. 대부분의 글이 "몸이 아프면 올림픽에 나가지 말고 출전권을 다른 선수에게 양보하라"는 것이었습니다.

박인비 선수를 지켜보고 있는 감독 박세리도 마음이 아팠습니다. 박인비를 찾아가 위로를 하고 격려해 줬습니다. 결국 박인비는 올림픽에 나갔고 금메달을 땄습니다. 금메달을 확정한 후 두 손을 번쩍 들고 있는 박인비의 모습은 18년 전 박세리의 US여자오픈 우승할 때의 그 벅찬 모습과 너무도 비슷했습니다.

올림픽 대표팀에서 활약한 선수들은 모두 박세리의 전성기 시절을 보며 골프를 시작했기에 감독님에 대한 존경심이 대단했습니다. 박세리는 그런 동생들을 따뜻하게 보살폈답니다.

선수들보다 먼저 올림픽이 열리는 리우에 온 박세리는 홀로 매일 코스를 돌며 전략을 짰습니다.

'내가 만약 경기를 한다면 어떻게 해야 할까? 바람이 불면 어떤 곳으로 샷을 하는 게 가장 좋을까? 우리 선수 중 막내 세영이가 장타력이 있으니까 공을 여기까지 날릴 수 있겠구나.'

박세리는 벙커와 해저드 위치를 기록해놓고 그린 경사도 꼼꼼히 살폈어요. 바람에 대해서도 메모했지요. 선수들이 스윙이 잘 안 될 때는 코치 역할도 했습니다. 경기에 참가한 세 선수를 모두 따라다니면서 컨디션을 살폈습니다.

엄마 역할도 했답니다. 숙소에서 잠자리를 챙기고, 음식도 준비했어요. 된장찌개, 부대찌개를 만들어줬어요. 선수들은 존경하는 박세리 감독이 직접 해주는 음식에 감동했고, 다들 불끈 힘을 냈습니다.

선수들이 가장 힘든 것은 당연히 금메달이라는 부담이었습니다. 꼭 금메달을 따야 한다는 스트레스가 심했어요. 박세리 감독은 부담을 갖지 않게 하려고 농담을 주고받으며 서로 의지했습니다. 결국 박인비가 리디아 고를 제치고 금메달을 획득했습니다.

골프는 개인 종목 경기입니다. 그래서 모든 참가선수들이 다 경쟁자인 것이죠. 올림픽에서는 처음으로 한 팀이 되어 다른 선수를 응원하면서 마음을 졸이기도 했어요. 그러면서 그동안은 잘 못 느끼던 남을 위해 희생하는 기쁨을 나눌 수 있었습니다.

"선수시절 제가 우승할 때보다 감독으로서 금메달을 딴 것이 더 감동이 큽니다. 네 선수 모두 최선을 다해줬습니다. 고맙고 사랑합니다. 팬들의 응원에도 감사드립니다."

금메달을 따고 나서 박세리 감독은 눈물을 펑펑 쏟아냈어요. 하지만 곧 기쁨이 가득한 얼굴로 인터뷰를 했답니다.

07. 감사와 아쉬움

골프선수 박세리에게 아버지는 매우 중요한 존재입니다. 아버지에게 골프를 배웠고 미국에 가기 전까지 항상 아버지가 쫓아다녔습니다.

박세리는 어려서부터 아버지를 좋아했어요. 홀컵이 마치 "어서 넣어 보렴" 하고 말하는 아버지의 웃는 입처럼 보이기도 했고요, 좋은 성적을 내면 아버지가 기뻐하시기 때문에 더욱 열심히 했습니다.

아버지는 훈련이 최고라고 생각했습니다. 실력을 늘릴 수 있는 훈련을 생각해 내고, 땡볕이 내리쬐는 더운 여름날, 살갗이 얼얼할 만큼 추운 겨울날을 가리지 않고 딸에게 훈련을 시켰습니다. 컷탈락을 한 대회에서는 경기장에 남아 다른 선수들의 경기를 지켜보게 하며 승부욕을 키워주기도 했습니다.

6장 세계 여자골프의 전설이 되다 · 155

"여자라고 찔찔 눈물을 보이거나 응석을 부릴 거면 그만둬라. 절대 나약한 모습을 보이지 마라."

아버지는 박세리에게 늘 강조했습니다. 너무나 힘든 훈련이었지만, 박세리는 아버지를 잘 따랐습니다. 그 덕에 위대한 선수가 되었고, 주위 사람들에게 꿈과 희망을 심어주기도 했습니다. 박세리를 위해 아버지가 생각해낸 훈련을 다른 선수들이 따라 하기도 했답니다.

하지만 아쉬운 점도 많았답니다. 박세리의 청소년 시절과 20대 젊은 시절의 추억에 남는 것은 골프뿐이었습니다. 새벽부터 밤늦게까지 골프만 하고, 골프만 생각했어요. 때문에 별다른 추억이 없었습니다.

딱 한 가지만 생각하고, 한 가지만 하게 해야 하는데, 그게 잘 안 되면 어떤 기분이 들까요? 아마 하루하루 살기가 너무 힘들고 답답할 거예요. 골프밖에 모르고 골프가 세상의 전부인데, 스윙이 잘 안 되고 퍼트가 잘 안 되면 얼마나 힘들까요? 그럴 땐 친구를 만나거나 책도 보고, 영화도 보면서 즐거운 시간을 보내며 스트레스를 풀면 좋을 텐데요. 다양한 경험을 해야 인간관계도 넓어지고 자존감도 생긴다고 합니다. 그렇게 되면 어려움을 극복하는 방법도 스스로 알게 되기 때문입니다.

하지만 박세리는 골프만 보고 살았어요. 잘하면 칭찬 받고, 못하면 혼이 나면서요. 꼭 이겨야 한다고 생각했죠. 경쟁에서 조금 밀리게 되면 삶의 의미를 찾기가 쉽지 않았습니다.

박세리는 모교인 금성여고에 가서 연설하다가 이런 말을 했습니다.

"저에게는 학창시절의 추억이 없습니다. 같이 손잡고 다닌 친구도 없고, 좋아하는 선생님께 편지를 써보지도 못했습니다. 여러분이 정말 부럽습니다."

교복을 입은 앳된 후배들을 보고 있으려니 자신의 고등학교 시절이 생각나서 눈물이 살짝 나기도 했답니다.

"아빠는 네가 그런 생각을 하고 있는 줄은 몰랐다. 미안하다, 세리야. 아빠가 너한테 몹쓸 짓을 한 것 같구나. 아빠가…… 많이 밉지?"

아버지는 미안한 마음을 전하며 물었습니다.

"아니에요, 아빠. 아쉽긴 하지만 후회하진 않아요."

08. 또 다른 모험을 시작하다

박세리는 큰 업적을 남겼지만 아쉬운 점도 있답니다. 네 개 메이저 대회를 석권하는 커리어 그랜드슬램을 하지 못한 거예요. 박세리는 LPGA 챔피언십은 세 번 우승하고 US여자오픈과 브리티시여자오픈은 한 번씩 우승했어요. 그러나 ANA인스피레이션(옛 나비스코 챔피언십)에서 우승하지 못했어요. 이 대회에서 우승했다면 커리어 그랜드슬램을 완성했을 텐데 박세리는 두고두고 아쉬워했습니다. 사실 이 대회를 잘 준비하기 위해서 경기가 열리는 골프장 근처에 집을 사기도 했어요. 우승할 수 있는 기회도 여러 번 찾아왔지만, 아쉽게 우승 문턱에서 실패했습니다.

다른 선수보다 전성기가 일찍 끝난 점도 안타깝습니다. 박세리는 25

2017년 미국에서 열린 박세리 주니어 챔피언십 포스터

승을 했는데, 그중 21승을 26세 이전에 했습니다. 서른다섯 살이 된 해
에도 10승을 했던 소렌스탐과 같은 선수와 비교하면 아쉽습니다.

어떤 전문가는 너무 어릴 때부터 스파르타식으로 강한 훈련을 많이 해서 다른 선수들보다 일찍 피로를 느꼈을 거라고 했어요. 어릴 때부터 프로선수처럼 생활했기 때문에 몸과 마음의 집중력이 닳아버렸다는 뜻이지요.

특히 2004년 '명예의 전당' 입회 자격을 얻고 난 이후 성적이 뚝 떨어졌어요. 목표를 이루었기 때문이에요. 게다가 소렌스탐이라는 강력한 선수가 있어 더 이상 나아갈 수 없었습니다. 그러면서 슬럼프에 빠지게 되었습니다 .

박세리가 일과 휴식에 대해 이야기를 한 적이 있습니다.

"아빠는 항상 최고가 되어야 한다고 이야기하셨어요. 저도 저 자신을 강하게 몰아붙였습니다. 여유를 가졌어야 했는데, 정반대였어요. '명예의 전당' 회원이 되고 나서 여유를 가졌어도 됐는데, 이전보다 더 잘해야 한다고 생각했어요. 완벽한 샷을 보여줘야 된다고 생각했던 거예요. 그러다 보니 작은 실수 하나하나가 머릿속에 들어와 저를 괴롭혔습니다."

그러면서 소렌스탐을 부러워했습니다.

"소렌스탐 선수는 취미활동도 하고, 사회봉사도 하면서 여유 있게 살고 있습니다. 그런 활동을 할 수 있는 여유가 골프선수로서 오랫동안 활약할 수 있는 원동력인 것 같아요."

골프에 모든 것을 걸었던 박세리의 속마음이 느껴지는 말입니다.

박세리는 은퇴하면서 이런 이야기를 했습니다.

"사람들은 제가 젊은 나이에 큰 성공을 이뤘다고 이야기해요. 하지만 골프선수로서는 몰라도 저 자신이 늘 행복했던 건 아닙니다. 우승 뒤 다음 대회를 생각해야 했고, 다음 대회가 열리는 곳으로 이동해야 하는 일이 반복됐습니다. 많은 우승 트로피를 받았지만, 숙소로 돌아오면 외로웠습니다. 뭔가 재미있는 일을 하고 싶었지만, 그런 시간을 갖기가 힘들었어요. 이제 그런 시간을 갖고 싶어요."

박세리는 새로운 삶을 꿈꾸고 만들어 가고 있습니다. 골프를 벗어나 새로운 일을 경험해 보려고 할 거에요. 그렇지만 무엇보다 골프에 꿈을 꾸는 어린이들과 미래의 골프 선수들을 돕고 가르치는 일을 하고 싶어 해요.

그렇게 시작한 첫 번째 대회가 2017년 8월, 미국 캘리포니아에서 열린 "박세리 주니어 골프 챔피언십"이랍니다. 대회에는 한국과 미국을 비롯해 중국, 체코, 독일. 멕시코, 대만 등 세계 각국의 유망주 선수 수십 명이 출전해서 실력을 뽐냈어요.

박세리는 무엇이든 열심히, 최선을 다해 노력을 쏟아 부으며 살아왔어요. 그렇지만 박세리가 하고 싶은 더 중요한 말이 있답니다.

바로 지금 하고 있는 일을 즐길 수 있는 마음. 박세리는 골프를 배우는 어린 선수들에게 그걸 알려주려고 합니다.

골프와 삶의 조화를 이루는 행복한 삶을 찾아 나선 박세리 선수. 우리나라와 세계의 골프 역사에 전설을 남긴 박세리 선수의 두 번째 모험에 여러분의 많은 응원을 부탁드립니다.

박세리 선수의 통산 성적

박세리의 LPGA 성적

입회: 1998년(19년차)

우승: 25승(메이저대회 5승)

통산 상금: 1258만 3713달러 (약 151억 원, LPGA 8위)

최저타: 61타(1998년)

연장전 기록: 6승 무패

메이저대회 우승: US여자오픈, 브리티시여자오픈, LPGA 챔피언십(3회)